W0075481

Nora Graser

Kalte Füße inklusive

Mein Jahr in der Antarktis

Knaur Taschenbuch Verlag

Für meine Brüder

Besuchen Sie uns im Internet:
www.knaur.de

Originalausgabe Oktober 2008
Copyright © 2008 bei Knaur Taschenbuch.
Ein Unternehmen der Droemerschen Verlagsanstalt
Th. Knaur Nachf. GmbH & Co. KG, München
Alle Rechte vorbehalten. Das Werk darf – auch teilweise –
nur mit Genehmigung des Verlages wiedergegeben werden.
Umschlaggestaltung: ZERO Werbeagentur, München
Umschlagfotos: Christine Läderach (oben), Nora Graser (unten)
Satz: Adobe InDesign im Verlag
Druck und Bindung: Offizin Andersen Nexö Leipzig GmbH, Zwenkau
Printed in Germany
ISBN 978-3-426-78123-4

2   4   5   3   1

amazon.de®

Ein Gruß von PETRA BRUCKHAUS:

....da ich Dir das Buch ja derzeit nicht leihen kann und Sonntag, das Wetter schlecht werden soll.... Viel Spass, bin gespannt wie Du es findest. Von: Petra

Grußnachricht zu **Kalte Füße inklusive: Mein Jahr in der Antarktis**

Inhalt

Vorab

Ich habe versucht, aus der Erinnerung meine Eindrücke und Erlebnisse zu schildern, wobei ich bestimmt vieles vergessen, anderes hingegen bewusst ausgespart habe. Beim Schreiben standen einige Situationen so lebendig vor meinem inneren Auge, dass ich manchmal laut auflachen musste, manchmal dagegen auch den Tränen nahe war. Aber vor allem hat es mir sehr viel Spaß gemacht, sozusagen ein zweites Mal zu überwintern – wenn auch nur an meinem Schreibtisch.

Eines möchte ich, bevor Sie sich der Lektüre dieses Buches widmen, noch ansprechen: Jeder Überwinterer beziehungsweise jedes Überwinterungsteam sammelt im Laufe dieser speziellen Zeit Erfahrungen und Eindrücke, die sehr unterschiedlich sein können. Alles, was ich diesem Buch erzähle, ist meine subjektive Sicht und gilt keineswegs für alle Überwinterungen.

Ich bin mir sicher, dass sogar jeder meine Mitüberwinterer viele Dinge ganz anders empfunden hat oder beschrieben hätte, als ich es getan habe.

Ich hoffe jedoch, dass es mir im Laufe dieses Buches gelingt, ein kleines Stück des kältesten Kontinents der Erde in Ihr angenehm warmes Wohnzimmer zu bringen – indem ich Sie mitnehme auf eine Reise in »meine« Antarktis.

Prolog

Nun bin ich bereits seit fast zwei Monaten wieder daheim, mein Koffer ist ausgepackt, und in den letzten Wochen habe ich Familie und Freunde wiedergesehen.

Ich habe mich mit Schlangen an Supermarktkassen, Parkplatzsuche, Handyvertragskündigungen, unfreundlichen Finanzbeamten, Steuererklärungen und der TÜV-Abnahme herumgeschlagen. Allesamt Dinge, mit denen ich mich in den letzten fünfzehn Monaten nicht befassen musste.

Und ich habe mich vor allem sehr schnell daran gewöhnt, wieder hier zu sein – es ist beinahe so, als wäre ich nie weg gewesen. Wenn ich von meinem Schreibtisch aus auf den Frühling vor meinem Fenster blicke, kann ich kaum glauben, dass ich noch vor wenigen Wochen in der Antarktis bei minus fünfzehn Grad Pinguinen Auge in Auge gegenübergestanden habe. Und noch schwerer fällt es mir zu glauben, dass der Beginn meiner Überwinterung nun schon mehr als eineinhalb Jahre zurückliegt – und meine erste »Begegnung« mit der Antarktis sogar schon über vier Jahre.

An der ETH in Zürich, wo ich von 2003 bis 2006 Physik studierte, hatte ich meinen ersten Kontakt mit dem Alfred-Wegener-Institut für Polar- und Meeresforschung in der Helmholtz-Gemeinschaft (AWI) und gleichzeitig mit der Antarktis überhaupt.

Im Rahmen einer Semesterarbei im Jahr 2004 lernte ich einen Kommilitonen kennen, der gerade seine Diplomarbeit am gleichen Lehrstuhl schrieb. Er war aus Tübingen, und als Deutsche unter Schweizern kamen wir schnell ins Gespräch.

Er war schon am Ende des Studiums und auf Arbeitssuche und spielte mit dem Gedanken, sich am Alfred-Wegener-Institut für die Stelle eines Geophysikers auf der Neumayer-Station zu bewerben. Für mich war dies das erste Mal, dass ich von der Existenz der Deutschen Antarktisforschungsstation hörte.

Während seiner Zeit in Zürich bewarb sich mein Mitstudent in Bremerhaven für diese Stelle, und ich erlebte sein Bangen, seine Aufregung und seine Bewerbungsvorbereitungen mit. Für mich war es zu dem Zeitpunkt allerdings noch unvorstellbar, selbst etwas Ähnliches zu tun. Fünfzehn Monate kamen mir unendlich lang vor, und ich hatte so meine Zweifel daran, ob man als lebhafter und geselliger Mensch eine solche Isolation gut übersteht.

Letztendlich wurde er als einer der zwei Geophysiker für die Überwinterung auf der Station angenommen. Im November 2004 machte er sich auf den Weg in die Antarktis, während ich in Zürich blieb, in den Endspurt meines Studiums einstieg und tagtäglich in die Uni lief, lernte, arbeitete und nebenher noch ein bisschen lebte. Der Kontakt mit der Antarktis blieb bestehen, ich freute mich sehr über die regelmäßigen Berichte aus einer »anderen Welt«. Er war und blieb stets begeistert, und ich hatte den Eindruck, dass er die Entscheidung, dort hinzugehen, nie bereut hatte.

Im Oktober 2005 legte ich den zweiten Teil meines Schlussdiploms in Physik an der ETH Zürich ab und begann mit dem Schreiben meiner Diplomarbeit. Und ich fing an, mir die Frage zu stellen, was denn nun nach meinem abgeschlossenen Studium aus mir werden sollte. Ich war unruhig, lebte nun seit drei Jahren in Zürich, hatte das Gefühl, »alles gesehen zu haben«, und sehnte mich nach etwas Neuem.

Ich begann im Internet nach Stellenangeboten und Doktorandenstellen für Physiker zu suchen, und bei meinem ersten Anlauf, als ich in einer Suchmaschine »Stellenangebote Physiker« eingab, stieß ich auf die Ausschreibung des Alfred-Wegener-Instituts. Rein aus Neugierde, und da ich ja nun einmal jemanden kannte, der zu der Zeit auf der Neumayer-Station lebte, schaute ich mir die Ausschreibung genauer an.

Im Prinzip klang die Stelle wirklich interessant – aber fünfzehn Monate Antarktis? Ich suchte weiter, aber irgendwie ging mir dieses Angebot einfach nicht mehr aus dem Sinn. Ich hatte mein Studium bewusst in Richtung Umwelt vertieft, um auch die Möglichkeit zu haben, etwas »anderes« zu machen und nicht zwangsläufig nur in einem Labor zu enden, sondern vielleicht in meinem Fachgebiet etwas vor Ort zu erleben – und praktische Arbeit machte mir schon immer sehr viel Spaß.

In den darauffolgenden Wochen las ich die Ausschreibung noch mehrere Male, sprach schließlich mit Freunden und Familie darüber und bekam unterschiedliche – aber fast immer positive – Reaktionen.

Zur selben Zeit erhielt ich eine Mail von meinem ehemaligen Kommilitonen aus der Antarktis, der mir schrieb, dass er schon in zwei Monaten zurück nach Deutschland käme. Ich war absolut perplex: Fünfzehn Monate waren mir damals so lange vorgekommen, und doch war es mir, als wäre er erst ein paar Wochen weg, und schon sollte er wieder hier sein?

Ich blickte zurück auf die letzten fünfzehn Monate meines Lebens: Es hatte sich nichts Grundlegendes geändert, und ich hätte nicht wirklich viel verpasst, wäre ich die letzten Monate nicht da gewesen.

Diese Erkenntnis half mir, die letzten Zweifel über Bord zu werfen, und ich beschloss, mich zu bewerben. Ich erinnere mich noch genau an das Gefühl wie ich in Zürich am Postschalter stand und dieses spezielle Kuvert auf den Weg nach Bremerhaven schickte.

In den darauffolgenden Wochen war ich sehr angespannt, beim Nachhausekommen galt mein erstes Interesse sofort dem Briefkasten: Vielleicht war schon eine Antwort gekommen? Der erste Brief war enttäuschend, nur eine Nachricht, dass meine Bewerbung angekommen sei – der zweite war die ersehnte Einladung zum Vorstellungsgespräch.

Besondere Vorbereitungen traf ich bezüglich des Gesprächs nicht, ich hatte keinerlei Vorstellung davon, was wohl gefragt werden würde, wenn man sich für eine Stelle an einem so abgelegenen Arbeitsort bewirbt, an dem viel mehr Faktoren eine Rolle spielen als das reine Fachwissen.

Meinen 25. Geburtstag im März 2006 verbrachte ich im Zug nach Bremerhaven, gespannt, was dort wohl auf mich zukommen würde. Mein ehemaliger Studienkollege war zu der Zeit auch bereits wieder in Bremerhaven und arbeitete an der Nachbereitung der Daten seiner Überwinterung – und ich wollte auch ihn dort wiedertreffen.

Am nächsten Tag war ich unheimlich aufgeregt, und wir machten uns zu Fuß über den Deich auf den Weg zum Institut. Es schüttete wie aus Eimern, und meine etwas engen schwarzen Lederschuhe, die ich seit langem nicht mehr getragen hatte, bescherten mir eine riesige Blase an der Ferse. Ich hatte unglaubliche Schmerzen beim Laufen, und als ich am Eingang des Instituts abgeholt wurde, um zum Vorstellungsraum gebracht zu werden, konnte ich mich gar nicht recht auf meine Nervosität konzentrieren, da meine gesamte Aufmerksamkeit dem Versuch galt, nicht zu humpeln.

Als ich den Raum betrat, war ich erst einmal erschrocken, sah ich mich doch neun Personen gegenüber, die um einen runden Tisch saßen und mich erwartungsvoll anschauten. Einer nach dem anderen wurde mir vorgestellt, aber ich war nicht in der Lage, mir alle Gesichter und Namen zu merken.

Vom Vorstellungsgespräch selbst weiß ich nicht mehr so viel, da wohl aufgrund der Tatsache, dass ich beim Gespräch sitzen durfte und die Schmerzen am Fuß nachließen, auch die Nervosität wieder durchkam. Ich erinnere mich noch, dass neben den fachlichen Fragen auch persönliche, für ein Vorstellungsgespräch eher untypische Fragen gestellt wurden: Man erkundigte sich nach der familiären Situation, nach den Essgewohnheiten (meine Antwort, dass ich fast alles esse, sogar Leber, führte zu ausgelassenem Gelächter), dem Alkohol- und Zigarettenkonsum.

Nach dem Vorstellungsgespräch blieb ich noch einen Tag in Bremerhaven und konnte nicht so recht einschätzen, was ich wohl für einen Eindruck hinterlassen hatte. Ich redete noch viel mit meinem Bekannten über seine Überwinterung und seine Erfahrungen. Und versuchte mich innerlich darauf einzustimmen, dass ich die Stelle nicht bekommen würde – so hoffte ich, die Enttäuschung im Falle einer Absage möglichst gering zu halten.

Doch schon drei Tage später erhielt ich einen Anruf vom AWI, in dem ich erfuhr, dass ich angenommen sei. Nachdem ich aufgelegt hatte, starrte ich ein paar Minuten wie versteinert den Telefonhörer an – ich konnte es nicht glauben. Einerseits war ich überglücklich, andererseits auch aufgeregt und nervös, wie sich wohl mein Leben verändern würde.

Die letzte Hürde, die zu nehmen war, hatte ich noch vor mir:

Bevor ich den Vertrag für meine Überwinterung bekommen sollte, musste ich mich verschiedenen medizinischen Untersuchungen unterziehen – das Risiko einer Erkrankung in der Antarktis musste möglichst gering gehalten werden.

Mitte April hatte ich einen Termin beim Amtsarzt in Bremerhaven, hier wurde ein Belastungs-EKG abgenommen, Blut und Urin untersucht, die Lungenfunktion getestet und nochmals ein Gespräch geführt. Außerdem musste ich mehrere Fragebögen über in der Familie vorkommende Krankheiten und einen Krankheitsbericht ausfüllen.

Ich wurde zwar mit guten Ergebnissen, aber auch mit mehreren Überweisungsscheinen entlassen: ich musste noch zum Augenarzt, zum Radiologen, zum Gynäkologen und zum Zahnarzt. Als ich diesen Arztmarathon hinter mir hatte und alles in Ordnung war, wurde mir mein Vertrag zugeschickt, und der Traum von der Überwinterung begann reale Formen anzunehmen. Ich erhielt auch die ersten Informationen zur Zusammensetzung meiner zukünftigen Überwinterungsmannschaft: Alle vier Wissenschaftler würden Frauen sein!

Im Vorfeld machte ich mir viele Gedanken: Fünfzehn Monate so weit weg von der Familie, meinen Freunden und meinem gewohnten Umfeld und während der neun Monate dauernden Winterzeit selbst im Notfall – wie auch immer dieser aussehen würde – keinerlei Möglichkeit, nach Hause zurückzukommen. Oft geisterten tagelang nutzlose »Was wäre wenn«-Fragen in meinem Kopf herum: Was wäre, wenn in meiner Familie jemandem in der Zeit etwas zustieße? Was wäre, wenn ich depressiv würde und nicht nach Hause könnte? Was wäre, wenn sich die ganze Mannschaft zerstritte, ich nicht wegkönnte und todunglücklich wäre? Was wäre wenn ein Krieg ausbräche? Was wäre wenn, was wäre wenn, was wäre wenn …

Das Erstaunliche an all dieser Grübelei war aber, dass alle Zweifel, ob die Überwinterung das Richtige für mich wäre, in dem Moment, als ich den Vertrag unterschrieben hatte, wie ausgelöscht waren. Von diesem Zeitpunkt an habe ich mir nie wieder, auch nicht während meiner Überwinterung, die Frage gestellt, ob ich die richtige Entscheidung getroffen hatte. Entschieden ist entschieden, das viele gedankliche Durchspielen sämtlicher negativer Eventualitäten hätte mir nicht geholfen, sondern höchstens diese einmalige Erfahrung verdorben.

Stattdessen schaute ich nun mit Spannung in die Zukunft und war neugierig, was mich in den kommenden Monaten erwarten würde.

1

Die Vorbereitung

Die Vorbereitungszeit am Alfred-Wegener-Institut begann am 1. August 2006. Bis dahin waren es zwar noch über drei Monate, aber ich war jetzt schon sehr neugierig, was für Leute wohl in meinem Team sein würden. Ich wusste nur, dass wir zu neunt wären und dass das Team aus einem Arzt und Stationsleiter, einem Koch, einem Ingenieur, einem Elektriker, einem Elektroniker und Funker, einer Meteorologin, einer Luftchemikerin und zwei Geophysikerinnen bestehen würde.

Umso mehr freute ich mich, als ich eine E-Mail von Christine, der zweiten Geophysikerin, erhielt. Sie ist Schweizerin und hatte in Bern Geologie studiert. Wir verabredeten uns Mitte Juni in Zürich, und ich war sehr gespannt, meine neue Mitbewohnerin, Arbeitskollegin und ein Achtel meiner Gesellschaft für die nächsten zwei Jahre kennenzulernen.

Wir trafen uns in Zürich am Bahnhof und verbrachten einen schönen Sommertag in der Stadt, schlenderten am See entlang, tranken Kaffee im Botanischen Garten und hatten uns unglaublich viel zu erzählen. All die Gedanken, die ich mir im Vorfeld gemacht hatte, fanden nun endlich ein Ventil: jemanden, der in derselben Situation war wie ich selbst, der auch seine Zelte ab- und zu etwas völlig Neuem aufbrach, der deswegen ähnliche Gedanken hatte, sowohl positiver als auch negativer Art.

Als ich Christine nach sieben Stunden zum Bahnhof brachte, freute ich mich noch mehr als zuvor auf die Zeit in Bremerhaven und natürlich in der Antarktis; schon nach dieser kurzen Zeit hatte ich das Gefühl, dass zwischen uns die sprichwörtliche Chemie stimmte.

Im Juli löste ich meine Wohnung in Zürich auf. Nach zwei Fahrten mit dem Kombi hatte ich den größten Teil meines Krempels wieder nach Augsburg geschafft und dort verstaut. Traurig nahm ich von meinen Lieblingstassen und meinen Lieblingstöpfen Abschied. Und wusste jetzt schon, wie sehr ich mich nach meiner Rückkehr aus der Antarktis darüber freuen würde, all diese Dinge, die mich so lange begleitet und mir meine Wohnung wirklich zu einem Zuhause gemacht hatten, wieder auszupacken.

In dem einen freien Monat, der mir bis zum Beginn meines Abenteuers noch blieb, besuchte ich einen meiner Brüder in New York und traf mich mit meiner besten Freundin, die zu der Zeit auch in Amerika lebte. Ich wusste, das würde mein letzter Urlaub für die nächsten neunzehn bis zwanzig Monate bleiben, und so erlebte ich viele Dinge wohl intensiver, als ich es sonst getan hätte. Und natürlich dachte ich auch im amerikanischen Sommer oft und mit wachsender Vorfreude daran, dass ich schon sehr bald an einem wesentlich kälteren Ort sein würde.

Am 1. August 2006 war es dann so weit. Chris (Christine war auf Dauer einfach zu lang) und ich kamen beide schon einen Tag früher in Bremerhaven an, bezogen unsere Zimmer in einer WG im Gästehaus des AWI, wo wir während der dreimonatigen Vorbereitungszeit wohnen würden.

Dort trafen wir Claudia und Karin, die Meteorologin und die Luftchemikerin unseres Teams, und nach anfänglicher Befangenheit entwickelten sich schnell intensive Gespräche.

Gegen Abend machten wir uns auf den Weg zum Begrüßungsbarbecue, wo wir von anderen AWI-Angestellten, Logistikern und »unseren« Männern schon erwartet wurden – nur René, der zukünftige Ingenieur, war noch nicht unter uns, da er noch bei seinem alten Arbeitgeber angestellt war. Aber wir waren immerhin schon zu acht: Mike (der Koch), Karlheinz, genannt Charly (der Arzt und Stationsleiter), Michael, genannt Micha (der Elektriker), Mirko (der Funker und Elektroniker) und wir vier Mädels.

Ich denke, wir waren alle sehr aufgeregt, doch es dauerte nicht lange, bis das Eis gebrochen und die erste Verlegenheit vergangen war und alle unbefangen miteinander redeten.

Nach dem offiziellen Teil des Abends beschlossen wir »Neu-Üwis«, in der Stadt noch etwas trinken zu gehen, und saßen noch bis spät zusammen in einer Kneipe und »beschnupperten« uns.

Die dreimonatige Vorbereitungszeit begann mit einem Seminar, in dem wir viel über die Antarktis und das Leben auf diesem Kontinent, das Alfred-Wegener-Institut, dessen Forschungsgebiete, Sicherheitsaspekte während der Überwinterung und vieles mehr lernten.

Am 18. August ging es dann in die Ötztaler Alpen zu einem Gletscherkurs. Einerseits sollten wir dort die wichtigsten Spaltenbergungsmethoden lernen, andererseits war der Kurs auch als teambildende Maßnahme gedacht, da wir dort in relativer Einsamkeit für zehn Tage zusammenleben mussten.

Die gewünschte Teambildung begann schon in den zwei Kleinbussen, mit denen wir von Bremerhaven nach Österreich fuhren – während einer zehnstündigen Fahrt lernt man schließlich recht viel über seine Mitreisenden …

Ich hatte Bedenken wegen des Bergkurses gehabt, da ich nicht schwindelfrei bin und sich meine Erfahrungen in den Bergen auf einfache Wanderungen beschränkten. Jetzt allerdings würden wir auf eisigen Gletschern unterwegs sein, begleitet von zwei professionellen Bergführern – blieb mir nur zu hoffen, dass ich die kommenden zehn Tage überleben würde.

Beim Aufstieg zur ersten Hütte hatte ich dementsprechend weiche Knie, da der Weg sehr steil war und es direkt neben dem Pfad abgrundtief nach unten ging, aber mit etwas Unterstützung schaffte ich es. Im Laufe der nächsten Tage stellte sich auch ein gewisser Gewöhnungseffekt ein, und meine Angst vor der Tiefe begann abzunehmen.

In den folgenden Tagen lernten wir sprichwörtlich Schritt für Schritt, wie man sich auf einem Gletscher zu verhalten hat, wie man mit Steigeisen und in einer Seilschaft läuft und was die ver-

borgenen Gefahren sind. Der von mir gefürchtete Höhepunkt, die Bergungsübung an einer Gletscherspalte, bereitete mir im Vorfeld arges Kopfzerbrechen, aber als es dann so weit war, verlief zum Glück alles glimpflich. In einer Dreierseilschaft mussten wir auf die Spalte zulaufen, der Vorderste in der Reihe noch über den Spaltenrand hinaus. Die beiden Nachfolgenden mussten dabei den Fall abbremsen und ihn anschließend bergen.

Die Gletscherspalte, an der wir übten, war ungefähr zwei Meter breit und sehr tief, der Grund war nicht zu sehen. Mich kostete es eine unglaubliche Überwindung, mich in diesen Abgrund zu stürzen und mein Leben in die Hände der anderen zu legen, aber nach etwa drei Meter freien Falls spürte ich den heißersehnten Ruck am Klettergurt und blieb in dieser Höhe hängen. Weil wir die Übung in Dreiergruppen durchführten, hingen meist zwei oder drei Teammitglieder gleichzeitig in der Spalte.

Als ich angeflogen kam, baumelte Mike schon am Nachbarseil, und ich schämte mich, als mir die Tränen der Erleichterung über die Wangen liefen. Er redete mir gut zu und versuchte, mich durch lautes Singen von dem unter mir gähnenden Abgrund abzulenken, was ihm zwar nur ansatzweise gelang, aber ich war ihm trotzdem sehr dankbar dafür.

Im Laufe des Kurses lernten wir auch den Inhalt der sogenannten Notfallkiste kennen: Sie enthält standardmäßig zwei Schlafsäcke, zwei Isomatten, ein Biwakzelt, einen Benzinkocher, Kochgeschirr, gefriergetrocknetes Essen für zwei Personen und zwei Tage, Ersatzhandschuhe, Kompass und Notraketen. Diese Boxen müssten wir in der Antarktis immer mitführen, wenn wir uns mit den Skidoos weiter von der Station entfernten.

Um die Ausrüstung auch unter »realistischen« Bedingungen zu testen, biwakierten wir eine Nacht unter freiem Himmel am Fuße des Gletschers. Zunächst trugen wir die gesamte Ausrüstung zu dem von uns gewählten Zeltplatz, der ungefähr eine dreiviertel Stunde Fußmarsch von der Hütte entfernt war, im zweiten Marsch nahmen wir die restliche Ausrüstung mit. Als alles an Ort und Stelle war, standen wir vor der größten Herausforderung: dem Aufbauen der Zelte. Chris und ich versuchten zusammen ein

Zelt aufzustellen – als wir endlich fertig und völlig entnervt waren, sah es aus, als wäre gerade ein Sturm darüber hinweggefegt: Es stand absolut schief und sah verzogen aus. Aber immerhin: Es stand.

Als köstliches Dinner nahmen wir den »Astronautenschmaus« zu uns, und jeder probierte die Tütenspeisen des anderen. Einstimmig wurden die einfachen Nudeln mit Tomatensoße zum Sieger des kulinarischen Festmahls erkoren. Da das Wetter schön und der Himmel klar war, beschlossen fast alle, unter freiem Himmel zu schlafen. Und spät am Abend kroch ich müde, aber zufrieden in meinen antarktistauglichen Schlafsack.

Ich blickte noch lange in den unglaublichen Sternenhimmel, und als ich schließlich eindämmerte, war ich in Gedanken in der Antarktis: Ich stellte mir vor, dass der Sternenhimmel dort ähnlich aussehen müsste – vielleicht sogar noch überwältigender.

Der nächste Programmpunkt bei unserer Rückkehr nach Bremerhaven Anfang September war die Einkleidung für die Überwinterung. Jeder von uns bekam einen Termin im Bekleidungslager des Instituts und wurde dort mit den unterschiedlichsten Gegenständen und Kleidungsstücken ausgestattet. Da stand ich nun in meinem dünnen T-Shirt und probierte schwitzend den Sommertemperaturen völlig unangepasste Kleidung an.

Jeder wissenschaftliche Überwinterer erhielt:
Zwei rote Polaranzüge (Tempex genannt), eine Daunenjacke mit Fellkapuze, zwei Blaumänner, zwei Paar dicke Lederstiefel mit Stahlkappe, zwei Paar Gummistiefel mit Filzinnenschuhen, zwei dicke Schurwollpullover, eine Fleecejacke, eine Trägerfleecehose, mehrere Garnituren Thermounterwäsche, etliche

Paar dicke Wollsocken, Lederarbeitshandschuhe, dünnere Innenhandschuhe, einen Schal, zwei Pelzmützen, zwei Gesichtsmasken, zwei normale Sonnenbrillen, eine die Augen abdichtende Sonnenbrille, eine Skibrille mit verschiedenen Einsätzen und noch ein paar weitere kleine Accessoires wie z. B. einen Militärkompass und ein Taschenmesser.

Als Frau durfte man keine zu kleinen Füße oder Hände haben – die kleinsten Socken waren mir noch zu groß, und die Handschuhe hätten es wohl auch mindestens eine Nummer kleiner getan. Und bei der Anprobe der hocherotischen dunkelblauen Thermounterwäsche mit Eingriff fiel es mir und den Angestellten des Bekleidungslagers schwer, ein Grinsen zu unterdrücken.

Das Spektakulärste an meiner neuen Garderobe waren aber die riesigen Handschuhe, die im Inneren dick mit Wolle gefüttert sind, und deren Außenfell in topmodischem Tigermuster gehalten ist. Und auch die gigantischen knallorangefarbenen Stiefel mit Filzinnenschuhen und sehr dicken, steifen Sohlen, in denen die Füße bis minus vierzig Grad Außentemperatur warm bleiben sollten, waren ein echter Hingucker. Ich sah aus wie Pippi Langstrumpf mit diesen Dingern an den Füßen und konnte mich nicht richtig fortbewegen – immerhin waren die Ausmaße meiner Füße durch diese Schuhe von Größe 39 auf etwa Größe 45 gewachsen.

Da die Anprobe wie bereits erwähnt im Hochsommer stattfand, zweifelte ich daran, ob ich jemals so etwas tragen würde – aber es sollte mir später klar werden, dass alles seinen guten Grund hatte.

Nach fast einer Stunde lag endlich alles, was auf der Ausrüstungsliste stand, vor mir auf dem Tresen und musste nur noch in vier Seesäcken verstaut werden. Drei der Seesäcke würden mit dem Versorgungsschiff und Forschungseisbrecher »Polarstern«, einer mit mir im Flieger in die Antarktis reisen. Bis die Polarstern das erste Mal nach unserer Ankunft in der Nähe der Station anlegen würde, müsste ich aus diesem persönlichen Seesack leben – also kamen in ihn ein Paar Schuhe, ein Tempex, Thermounterwäsche, Mütze und Handschuhe.

Nach längeren Umräum-, Ein- und wieder Auspack-Aktionen hatte ich endlich alles verstaut. Jeder Seesack erhielt eine Nummer und ein Schild mit meinem Namen und dem Reiseziel und wurde mit einem Vorhängeschloss gesichert.

Zusätzlich zu der Kleidung erhielt ich noch eine Isomatte und einen Schlafsack, die auch in einem Seesack verstaut wurden. Auch dieser Seesack würde mit mir in die Antarktis reisen und sollte auch bei Reisen innerhalb der Antarktis aus Sicherheitsgründen immer mitgeführt werden.

Ich fuhr mit zehn neuen Schlüsseln und einem Kribbeln im Bauch nach Hause – alles, was ich gerade so feinsäuberlich verstaut hatte, würde ich erst in der Antarktis wieder in den Händen halten und war ihr somit schon wieder ein Stück näher gekommen.

Mitte September brach schließlich die Hochsaison des Kistenpackens für mich an. Jeder Überwinterer durfte bis zu sechs sogenannte Zargesboxen mit privaten Gegenständen packen, die sich im Oktober mit dem Schiff auf die Reise in die Antarktis machen würden. Schon seit Anfang August kreisten meine Gedanken um die Frage, was ich alles mitnehmen sollte. Von unseren Vorgängern hatten wir ein paar Tipps erhalten, was nützlich sein könnte: einerseits in Bezug auf Kleidung und Ausrüstung, andererseits auch in Bezug auf die Gestaltung des Privatlebens während der Überwinterung.

Ich hatte fünf Zargesboxen bestellt, jede dieser Alukisten war $60 \times 80 \times 60$ Zentimeter groß. Vier der Kisten schickte ich zur Bepackung nach Augsburg, eine blieb als »Notfallkiste« in Bremerhaven, damit ich die Sachen, die mir in letzter Minute einfielen, noch schnell besorgen und reinstopfen könnte.

Ich nahm mir ein verlängertes Wochenende und machte mich auf den Weg nach Hause, um zu packen. Zunächst besorgte ich mir noch ein paar Mützen, immerhin waren sie für die Zeit in der Antarktis das mehr oder weniger einzige variable modische Accessoire meiner Kleidung!

Am meisten Kopfzerbrechen bereitete mir jedoch meine Freizeitgestaltung dort unten. Als ich mich auf eine Zeit in Isolation ohne realen Kontakt zur Außenwelt und keinerlei Möglichkeit, etwas zu besorgen, vorbereitete, fielen mir tausend Sachen ein, die mir vielleicht fehlen könnten. Ich wusste ja nicht, ob wir vieles gemeinsam machen würden oder jeder für sich alleine auf seiner Kammer hocken bliebe?

Eigentlich hatte ich ja ein gutes Gefühl in Bezug auf die anderen Mitglieder der Mannschaft, aber wenn wir uns nun doch zerstreiten würden? Also packte ich nach und nach alles ein, was mir in den Sinn kam: tonnenweise Romane und Lehrbücher, Wolle zum Stricken, Farben zum Malen, Filme, Noten zum Musizieren und vieles mehr … Ich hatte fast panische Angst davor, nicht genug dabeizuhaben. Mein Nähkästchen fand liebevoll eingewickelt auch seinen Platz – und schon waren die ersten zwei Kisten gefüllt.

Mein bis zu diesem Zeitpunkt noch unerfüllter, aber langgehegter Traum war es, Akkordeon zu lernen, und ich erstand kurz vor der Abreise noch ein gebrauchtes Instrument. Wegen der geringen Luftfeuchtigkeit in der Station war zwar anzunehmen, dass es Probleme mit der Mechanik geben würde, aber einen Versuch war es auf jeden Fall wert. So war auch die dritte Kiste schnell gefüllt mit dem Akkordeon, einer kuscheligen Daunenbettdecke und einem großen Stoffesel, der schon seit vielen Jahren mit mir zusammenwohnte und natürlich in meinem neuen Zuhause nicht fehlen durfte.

In die letzte Kiste packte ich Klamotten, meist nur bequeme und schon etwas ältere Teile – denn wen sollte ich da unten schon groß beeindrucken? Mein Dirndl, ein paar Strumpfhosen,

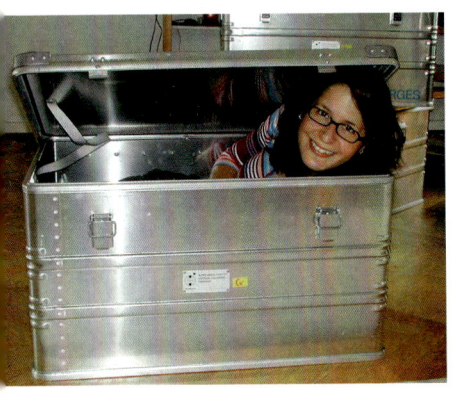

einen Mini-Rock und meine Lieblingsbluse legte ich auch noch dazu, immerhin gab es ja auch am Ende der Welt Feiertage wie Weihnachten oder Silvester, an denen ich mich etwas herausputzen wollte (was mir erst vor Ort auffiel, war, dass man, um sich wirklich schick zu machen, auch dementsprechende Schuhe braucht – aber da war es dann leider zu spät!). Als Letztes noch Sportkleidung und Turnschuhe, da sich in der Station auch ein kleiner Fitnessraum befindet.

Die restlichen Lücken in den Kisten stopfte ich mit Schmuckmaterial für mein zukünftiges Zimmer. Ich wusste schon, dass die Zimmer etwa acht Quadratmeter große Container mit einer festen Inneneinrichtung waren. Bilder, die in Zürich schon in meinem Zimmer hingen, wanderten direkt in meine Zargeskisten, und auch Dekoartikel wie Blumenketten, Vorhänge und Spiegel verstaute ich dort. Ich wusste, dass es für mich wichtig wäre, mir auch am anderen Ende der Welt mein Nest zu bauen, da ich, um mich richtig wohl zu fühlen, immer einen privaten Ort brauche, an den ich mich zurückziehen kann.

Als ich nach diesem anstrengenden Wochenende wieder nach Bremerhaven fuhr, hatte ich natürlich das Gefühl, irgendetwas ganz Wichtiges vergessen zu haben, aber dafür hatte ich ja noch meine »Notfallkiste«.

Auch sie war schnell gefüllt, vor allem mit Duschgels, Seifen, Shampoos und Cremes, die ich besonders mochte. Es waren zwar vorher schon über das AWI Drogerieprodukte bestellt worden, aber ich hatte über die Jahre meine Favoriten gefunden, und ich wollte, wenn ich schon so weit weg von daheim war, nicht auch noch fremd riechen.

Nachdem die Kisten endlich im Hafenlager abgegeben waren, fiel mir ein Stein vom Herzen. Ich packe ohnehin nicht gern, aber sonst beruhigte ich mich immer mit dem Gedanken: »Na ja, wenn du etwas vergessen hast, dann kaufst du es dir eben vor Ort« – was aber in diesem Fall doch recht schwierig werden dürfte.

So war es auch eine große Belastung, die ich mit meinen Kisten am Hafenlager abgab, jetzt waren sie weg, und was ich nicht hatte, das hatte ich eben nicht.

Die letzten zwei Monate der Vorbereitungszeit vergingen wie im Flug, und die Antarktis rückte immer näher.

Eine Woche Unix-Kurs bei Fielax (Gesellschaft für wissenschaftliche Datenverarbeitung) in Bremerhaven stand noch an, die auch sehr schnell verging. Da ich als Geophysikerin und Systemadministratorin angestellt worden war und sich meine Erfahrungen mit Unix auf ein verhältnismäßig kleines Grundwissen beschränkten, hatte ich vor diesem Kurs ziemlichen Bammel, aber meine Berührungsängste mit dem System schwanden schnell, und es verlor seinen Schrecken.

Ende September fand noch ein Erste-Hilfe-Kurs statt, an dem

alle Überwinterer teilnehmen mussten. Wir lernten viel über die »antarktisspezifischen« Gesundheitsgefahren: wie man mit einfachen Hilfsmitteln Knochenbrüche schient, wie man Menschen mit Erfrierungen am besten behandelt, wie sich extreme Kälte auf den Körper auswirkt und wie wir uns auf keinen Fall verhalten sollten; beispielsweise im Sommer ohne Sonnenbrille nach draußen gehen, wegen der Gefahr, sonst »schneeblind« zu werden.

Ein weiterer Technikkurs führte uns zu einem Unternehmen nach Hameln, zu dem Chris und ich Mirko, den zukünftigen Funker der Station, begleiteten. An der Neumayer-Station befindet sich ein Radom (eine Art kugelförmige Schutzhülle) die eine Satellitenschüssel mit etwa 3,5 Metern Durchmesser enthält. Über diese Schüssel bzw. diese Verbindung läuft der gesamte Kontakt der Station zur Außenwelt ebenso wie der wissenschaftliche Datentransfer. Es gab zwar noch zwei davon unabhängige Satellitentelefone (Inmarsat und Iridium), mit denen wir im Notfall Kontakt nach draußen herstellen konnten, aber um im Winter ganz auf uns gestellt die wissenschaftliche Datenübertragung zu gewährleisten, war es wichtig, einen Ausfall der Standleitung schnell beheben zu können.

Ein sehr wichtiger Kurs, an dem wieder wir alle teilnehmen mussten, war der Brandschutzkurs. Da wir im Winter allein in der Station leben würden, mussten wir auch unsere eigene Feuerwehr sein – deshalb war es unbedingt notwendig, dass jeder von uns mit einem Feuerlöscher umgehen konnte und die Angst vor dem Feuer verlor. Zunächst war ich, was den Sinn dieses Kurses betraf, etwas skeptisch: Wie sollte in all dem Eis und Schnee ein Brand besonders gefährlich werden können? Dabei hatte ich aber nicht bedacht, dass die Luft in der Antarktis sehr trocken, die Station ein sich unter dem Eis befindendes abgeschlossenes Röhrensystem aus Stahl und somit das sie umgebende Eis im Brandfall nicht wirklich von Vorteil ist. Ein Schwelbrand mit starker Rauchentwicklung wäre das Gefährlichste, was uns während der Zeit dort passieren könnte.

Wir fuhren in eine Kaserne in Neustadt in Holstein mit angegliederter Brandhalle, in der große Brände gelegt und anschließend wieder gelöscht werden können, und erhielten dort unter der harten Hand eines Feuerwehrausbilders eine Einführung in die Grundpraktiken des gemeinen Feuerwehrmanns.

Der Kurs fing eigentlich ganz harmlos mit der Handhabung von Gasmaske und Pressluftatmer an. Als es aber daranging, zu üben, wie man möglichst schnell in einen der silbernen Hitzeschutzanzüge kam, wurde ich schon ein bisschen misstrauisch. Und tatsächlich: Ich war diejenige, die dazu auserkoren wurde, mit diesem silbernen Ungetüm, Pressluftatmer und Gasmaske bekleidet die Treppen im Militärwohnheim hoch- und wieder runtergescheucht zu werden – und kam mir dabei vor wie Neil Armstrong bei seinen ersten Schritten auf dem Mond.

Der Höhepunkt des Kurses waren aber schließlich die Löschübungen in einem umgebauten Kriegsschiff, in dem an verschiedenen Stellen Brände gelegt wurden. Diese Übung war eine sehr gute Simulation des Ernstfalls, da sich bei einem Feuer in den zwei Röhren der Station auch viel Rauch entwickeln würde und die Orientierung dann ähnlich schwierig wäre wie in dem verwinkelten Schiff.

Besonders schwierig war das Löschen eines Feuers in einem Maschinenraum des Schiffs mit dem Feuerwehrschlauch. Ein Team von drei Personen ging mit dem Schlauch auf den Schultern hinunter in den Maschinenraum, in dem ein brennendes Benzinfass stand. Der oder die Vorausgehende musste in geringer Entfernung vom Brandherd den Schlauch entsichern und das Feuer löschen. Es hatte sich dichter Rauch gebildet, und als ich als Erste die Treppe nach unten ging, konnte ich nichts sehen. Mit dem Atemgerät bekam ich zwar ausreichend Luft, dennoch war der Abstieg in den Hades mehr als beklemmend. Als ich endlich vor dem Feuer stand, gelang es mir einfach nicht, es zu lö-

schen. Ich hatte nicht genug Kraft in den Armen, um den schweren und durch den Druck des Wassers steifen Schlauch in die Richtung des brennenden Fasses zu biegen. Statt auf das Feuer prasselte das Wasser gegen die Scheibe des Nebenraums, aus dem die Ausbilder uns beobachteten. Und aus diesem Raum drang auch das laute Brüllen eines Ausbilders zu mir herüber: »Jetzt mach doch das verdammte Feuer aus!«

Als es mir nach etwa fünf Minuten endlich gelang, das Feuer zu löschen, war ich schweißüberströmt, den Tränen nahe, und meine Arme zitterten vor Anstrengung – aber ich war auch stolz: Ich hatte es geschafft.

Bei den Löschübungen war immer von der ersten bis zur letzten Sekunde Konzentration gefragt, und der erfahrene Ausbilder merkte sofort, wenn diese bei einem von uns nachließ. Darauf reagierte er dann meist mit einem lauten Wutanfall – er knallte beispielsweise seinen Helm auf den Boden und schrie: »Verdammt noch mal, ihr wärt alle schon längst tot!« Wir – neun erwachsene Menschen – standen mit gesenkten Köpfen da wie unartige Schüler und schämten uns.

Ich habe in dieser Woche sehr viel über das Feuer und auch über mich gelernt: meine Berührungsängste mit Bränden haben ab-, mein Respekt vor dem Feuer aber hat zugenommen.

Nach dem Brandschutzkurs stand ein weiteres Praktikum an: Zwei aus unserem Team sollten Praxisluft in einem Bremerhavener Krankenhaus schnuppern, damit sie im Notfall Charly, dem Stationsleiter und Arzt, mit helfender Hand zur Seite stehen könnten. Aufgrund anderer fachspezifischer Schulungen, die zur gleichen Zeit stattfanden, hatten nur Chris und ich die Zeit, dieses Praktikum zu machen, und wurden die beiden Hilfsschwestern.

Chris verbrachte die erste Woche im OP und wurde mit assistierenden Handgriffen bei verschiedensten Operationen vertraut gemacht, ich war die erste Woche in der Notaufnahme untergebracht. Anfangs fühlte ich mich noch etwas verloren, aber nach ein paar Tagen fand ich mich im Krankenhausalltag zurecht. Die Arbeit machte mir viel Spaß, und ich musste ab und zu in mich hineinlächeln: Als kleines Mädchen hatte ich davon geträumt, Krankenschwester zu werden – und jetzt stand ich als Praktikantin im Krankenhaus, hatte ein abgeschlossenes Studium hinter mir und fühlte mich manchmal, als hätte ich zwei linke Hände.

Während des Praktikums lernte ich hauptsächlich das Abnehmen von EKGs und durfte bei ein paar chirurgischen Noteingriffen zusehen. Aber auch Arbeiten wie das Sortieren der Schwesterntracht fielen in mein Aufgabengebiet. Auf die Frage der Oberschwester, ob ich mir das zutraute mit dem Sortieren, musste ich wirklich lachen – aber woher sollte sie auch wissen, dass vor ihr eine frischgebackene Diplomphysikerin in Schwesternverkleidung stand.

Nach dem Krankenhauspraktikum war die Vorbereitungszeit dann auch fast vorbei, und für Ende Oktober war noch ein Abschiedsessen geplant, zu dem jeder von uns ein bis zwei Personen einladen durfte. Es wurde, denke ich, für uns neun ein sehr schöner Abend, weil wir so die Möglichkeit hatten, auch einmal die Lieben unserer Mitüberwinterer kennenzulernen.

Danach ging alles sehr schnell: Mirko, Chris und ich absolvierten noch einen Kurs in Hannover und Garlstedt wegen der Infraschallanlage, die von uns betreut werden sollte, und schon waren meine letzten beiden Wochen zu Hause angebrochen.

Seltsamerweise erinnere ich mich nur noch schemenhaft an die letzten Tage daheim, obwohl man denken sollte, dass ich gerade diese besonders intensiv erlebt haben müsste. Ich weiß eigentlich nur noch, dass ich tieftraurig war und mich bei vielen Sachen in »Das mache ich jetzt wohl für mehr als fünfzehn Monate zum letzten Mal«-Gedanken hineinsteigerte. Und ich gebe zu, dass mir der Abschied sehr schwergefallen ist.

Mit einem kleinen Fest in Augsburg feierte ich noch mit meinen engsten Freunden Abschied – wobei mir einerseits gar nicht recht nach Feiern zumute war, ich andererseits aber auch mit freudiger Erwartung an die kommenden Monate dachte.

2

Die Anreise:
Das Abenteuer beginnt

Zwei Tage vor der Abreise hatte ich schon meinen Koffer fertig gepackt – eigentlich. Denn das Ergebnis meines Packübereifers war nur, dass ich viel Zeit zum Grübeln hatte und deshalb den Koffer mehrere Male ganz wieder ausräumte, weil mir noch irgendetwas unendlich Wichtiges eingefallen war, das unbedingt noch mitmusste, während ich anderes schweren Herzens wieder auspackte. Ein wirklich schwieriges Unterfangen, weil ich auch einen unter Umständen verlängerten Aufenthalt in Kapstadt einplanen musste – der Zeitpunkt unseres Weiterflugs von Kapstadt in die Antarktis sollte sich erst vor Ort und abhängig vom Wetter entscheiden.

Am meisten muss ich im Nachhinein über das riesige wollige Schaf-Kissen lächeln, das einer meiner Brüder in Norwegen für mich erstanden hatte, allerdings zu spät, um es noch in die Kisten zu packen. Meine Mutter bestand darauf, dass ich es mitnehmen sollte (worüber ich später auch sehr froh war, weil es mir ein treues Kopfkissen war). Der einzige Ort, an dem es noch Platz fand, war mein Handgepäckrucksack, in dem schon mein Laptop und meine Kamera steckten. Murrend stopfte ich also das Schaf noch dazu und machte mich auf die Reise.

Am 24. November war es so weit. Mein Flug nach Kapstadt ging um 19.40 Uhr vom Flughafen München aus, und meine Familie begleitete mich noch bis zum Flughafen. Zum Glück musste ich vor Aufregung so dringend auf die Toilette, dass ich gar keine Zeit hatte, darüber nachzudenken, dass ich jetzt wirklich für so lange Zeit von ihnen allen weggehen würde.

Am Flughafen stießen drei gute Freunde zu uns, die sich auch noch von mir verabschieden wollten. Zusammen gingen wir alle in den kleinen »Biergarten«, um noch etwas zu essen. Meine letzte zünftige bayrische Brotzeit für lange Zeit: eine Breze und Obatzdn, aber ich brachte nicht viel herunter.

Kurz darauf musste ich mich auch schon auf den Weg zur Sicherheitskontrolle machen. Ich hatte mir fest vorgenommen, nicht zu weinen, damit meine Mutter und der Rest meines Abschiedskomitees mich nicht als kleines Häufchen Elend, das traurig zur Abfertigung schleicht, in Erinnerung behalten würden. Ich küsste alle noch mal und noch mal und noch mal, und schließlich ging ich mit Tränen in den Augen los. Ich musste natürlich meinen Rucksack ausräumen, um den Laptop und die Kamera prüfen zu lassen, und obwohl mir das Herz so schwer war, musste ich doch lachen, als ich das riesige Schaf aus meiner Tasche zog und die irritierten Blicke der Sicherheitsbeamten sah.

Dann drehte ich mich noch einmal um, und da standen die Menschen, die mir so viel bedeuten und die mir so fehlen würden, eng gedrängt auf einem Haufen. Ich dachte zwar, mir würde das Herz brechen, aber ich riss mich zusammen, schluckte die Tränen herunter und winkte ihnen noch einmal lächelnd zu. Ich sah mich immer wieder um, bis ich schließlich um die Ecke bog und sie aus meinem Blickfeld verschwanden – und so begann unwiderruflich mein Abenteuer Überwinterung.

Die Flugroute war so gelegt, dass wir Üwis uns in Frankfurt am Flughafen treffen sollten. Ich hoffte, dass sich der Abschiedsschmerz ein bisschen legen würde, sobald ich dort die anderen meines Teams träfe.

In Frankfurt angekommen, machte ich mich auf die Suche nach meinem Terminal – prinzipiell fliege ich sehr ungern, und auf so riesigen Flughäfen habe ich immer das Gefühl, absolut die Orientierung zu verlieren, aber in diesem Fall fand ich mich erstaunlich schnell zurecht. Als ich am Gate ankam, war der Erste von »uns«, den ich sah, Mike, und ich war wirklich erleichtert. Wir umarmten uns kurz, und nach und nach traf der Rest unseres Teams ein. Nur Claudia, Karin und Charly würden erst eine Woche später auf die Reise gehen, aus logistischer Sicht war die Planung unserer Anreise nicht einfach gewesen.

Wir waren also nur zu sechst auf diesem ersten Abschnitt unserer Überwinterung: Mike, Chris, Mirko, René, Micha und ich.

Wie ich schon vermutet hatte, gewann jetzt, wo ich mit den anderen zusammen war, die Vorfreude wieder die Überhand, und die Traurigkeit wurde in den Hinterkopf verbannt. Jeder erzählte ein bisschen von seinem Abschied und den letzten zwei Wochen daheim, wir hatten uns ja alle seit der Zeit in Bremerhaven nicht mehr gesehen, und so ging uns auch der Gesprächsstoff bis zum Abflug nicht aus.

Auch andere, die mit uns in die Antarktis fliegen würden, waren schon am Gate versammelt: »Sommergäste«, die zum Arbeiten drei Monate auf Neumayer verbringen würden: einige Logistiker, ein Meteorologe vom Deutschen Wetterdienst und das vierköpfige Bauteam, das für Wartungsarbeiten und vor allem die immer notwendigen Hochsetzarbeiten an der Station angestellt ist.

Im Flieger saßen wir ziemlich verstreut, und so hatte jeder

während der Reise nach Kapstadt Zeit, seinen Gedanken nachzu-hängen. Bis auf ein Glas Wein, das ein Steward versehentlich über mich ausgoss, was mir aber im Gegenzug eine Flasche Sekt als Entschädigung einbrachte, ging der Flug ohne Zwischenfälle schnell vorbei, und ich war von all dem Stress und der Anspan-nung in den Tagen vor meiner Abreise so erschöpft, dass ich so-gar einen Teil des Fluges verschlief.

Etwa elf Stunden später kamen wir in Kapstadt an, wo uns lange Schlangen am Zoll und vor allem sehr hohe Temperaturen erwarteten. Als wir nach etlichen Kontrollen unsere Gepäck-stücke endlich in Empfang nehmen konnten, musste ich als Ers-tes einen Großteil meiner Kleidung abwerfen und irgendwie noch in meinen bereits zum Bersten gefüllten Koffer stopfen, da mich sonst mit Sicherheit ein Hitzschlag ereilt hätte – und das so kurz vor dem Ziel Antarktis.

Am Flughafen wurden wir schon erwartet und mit Kleinbus-sen ins Hotel gefahren. Ich war noch nie zuvor in Afrika gewe-sen, und so verging die Fahrt wie im Fluge – auch wenn es außer Straßen, Autos und auffällig verbarrikadierten Häusern eigentlich nicht viel zu sehen gab. Im Hotel angekommen, wurde als Erstes ein Treffen abgehalten, wo wir die Planungen für die nächsten Tage erhielten.

Aufgrund der starken Wetterabhängigkeit des Flugverkehrs zur Air Base der russischen Station Novolaszarevskaja (Novo Airfield) waren zwei bis fünf Tage Aufenthalt in Kapstadt für uns vorgesehen. Infolge ungünstigen Wetters verschob sich un-ser Abflug, so dass wir insgesamt tatsächlich volle fünf Tage in Kapstadt verbrachten. Einerseits genoss ich diese Zeit sehr – wir wanderten auf den Tafelberg, machten eine Stadtrundfahrt, ließen es uns richtig gutgehen und schwammen noch ein letztes Mal im Meer –, andererseits merkte ich, dass ich immer ungeduldiger wurde, je länger wir dort waren. Ich wollte jetzt endlich los, und auch bei den anderen war zu spüren, dass durch das Warten eine gewisse Gereiztheit in der Luft lag.

Endlich war es dann doch so weit, ein letztes Flugbriefing bei ALCI (Antarctic Logistic Center International), bei dem allen Fluggästen noch einmal die wichtigsten Informationen vermittelt wurden, und am 29. November kurz vor Mitternacht sollte endlich unser Flieger in Richtung Antarktis abheben.

Am Flughafen bekamen wir unsere handgeschriebenen Boarding-Pässe und standen etwas verloren herum. Ein persönlicher Höhepunkt für mich war die große Anzeigetafel, auf der die Zielflughäfen angezeigt wurden. Über ganz normalen Zielen wie Amsterdam, Frankfurt, London und München war dort auch zu lesen:

23:50, ALCI, Unknown International Airport.

Vor und um uns war eine Touristengruppe von etwa fünfzig Rentnern, und unser Agent, der gerne wollte, dass wir Antarktisfluggäste gemeinsam die Kontrollen passieren, machte eine Ansage, die die gesamte Rentnerrunde in helle Aufregung versetzte: »All passengers who are NOT flying to antarctica please go ahead.«

Am Gesichtsausdruck der anderen Fluggäste war abzulesen, dass sie nicht sicher waren, ob sich da gerade jemand einen Scherz erlaubte oder ob sie sich einfach verhört hatten. Aber nach ein paar erklärenden Worten ließen sie sich dann doch dazu überreden, den Pulk der Antarktisfliegenden zu überholen.

Nach der Zollkontrolle stiegen wir alle in einen Bus, der uns zur Iljushin IL 76 bringen sollte. Ich war gespannt auf dieses Flugzeug, denn wir hatten bei der Vorbesprechung bei ALCI und während der Vorbereitungszeit in Bremerhaven schon Bilder gesehen: eine russische Transportmaschine, in die ein paar Sitzreihen eingebaut worden waren und in deren hinterem Bereich zwei Dixieklos standen. Sehr abenteuerlich.

Besonders reizvoll an diesem Flugzeug ist aber, dass es unterhalb des Cockpits eine Navigationskuppel aus Glas hat, durch die man während des Fluges nach unten sehen kann – und die ihm vor allem ein sehr charakteristisches Aussehen verleiht, als hätte es eine Art Kropf am Hals.

Außer uns waren noch eine Gruppe indischer Wissenschaftler sowie Norweger, Russen und Briten an Bord.

Als ich über die Treppe in das Flugzeug gelangte, fühlte ich mich an Bilder der russischen Raumstation MIR erinnert. Der Bauch des Flugzeugs war nicht verkleidet, die Kabel liefen direkt unter der Außenkonstruktion entlang, und ich hatte das ungute Gefühl, ich würde bald irgendwo ein Heftpflaster sehen, das das Flugzeug notdürftig zusammenhielt. Links waren Reihen von jeweils zwei und rechts von fünf Sitzen nebeneinander angebracht. Zwischen den beiden Sitzreihen befand sich ein schmaler Gang, in dem man sich einigermaßen bewegen konnte. Oberhalb der Sitze hingen die Flaggen verschiedener Länder und gaben einem das gute Gefühl, dass hier wirklich viele Nationen gemeinsam am Antarktis-Strang ziehen. Vorne vor dem Einstieg ins Cockpit stand eine Leinwand, auf der Start und Landung für die Fluggäste übertragen wurden.

Ich saß neben Mike auf der Gangseite – was aber wegen der fehlenden Fenster ohnehin keine Rolle spielte – und versuchte mich mit der nicht vorhandenen Beinfreiheit zu arrangieren. Besonderes Mitleid hatte ich mit Mirko, der fast 1,90 Meter groß ist, und vor allem mit einem Mitarbeiter des Bauteams, der neben seiner Größe auch noch etwas fülliger ist, er saß völlig zusammengeknüllt in dem Sitz hinter mir und versuchte irgendwie seine Beine wenigstens ein bisschen auf den Gang zu strecken.

Natürlich gab es in der Maschine auch keine Gepäcknetze, deshalb lag hinter der letzten Sitzreihe, und damit gleichzeitig vor den

zwei Dixieklos, ein riesiger Haufen Handgepäck. Das restliche Gepäck, das wir ganz normal aufgegeben hatten, war im hinteren Teil der Maschine untergebracht, wo sich keine Sitze befanden.

Außerdem fand jeder von uns in der Nähe seines Platzes den eigenen Seesack mit der in Bremerhaven ein-gepackten Polarkleidung, damit wir uns vor der Landung wetterangepasst anziehen könnten.

Nachdem die Sicherheitseinweisungen beendet waren, wir unsere Ohrstöpsel eingelegt und uns angegurtet hatten, wurde die Maschine angeworfen. In diesem Moment war ich wirklich froh über die Ohrstöpsel, denn der Lärm war kaum zu ertragen.

Der Start wurde auf die Leinwand übertragen, wir sahen die Lichter von Kapstadt unter uns verschwinden, und ich hatte ein ziemlich komisches Gefühl im Bauch. Jetzt saß ich also wirklich in einem Flieger in die Antarktis, und auf diesem Kontinent würde ich fünfzehn lange Monate bleiben.

Etwa eine Stunde nachdem wir abgehoben hatten, gab es für alle einen kleinen Snack und Tee oder Kaffee, die russischen Stewards in Zivilkleidung waren ausgesprochen nett, und man kam sich umsorgt vor wie in einem kleinen Familienbetrieb.

Nach dem Essen hatten wir die Möglichkeit, ins Cockpit zu den Piloten zu gehen, und ich konnte durch den Ausguck unterhalb des Cockpits meinen ersten Blick auf antarktisches Meereis werfen. Danach versuchte ich ein bisschen zu schlafen und wurde erst wieder wach, als auf einmal ein richtiges Gewusel losging.

Zuvor war geplant worden, dass das Umkleiden ausgesprochen geordnet vor sich gehen sollte, aber auf einen Schlag sprangen alle wie eine aufgeschreckte Herde auf, stürzten zu ihren Kleidungssäcken und versuchten sich anzuziehen – ohne dabei den Umstehenden die Ellbogen ins Gesicht zu schlagen oder ihnen auf die Füße zu treten.

Am meisten musste ich über unsere indischen Mitflieger lachen, die sich ankleideten, als würden wir im schlimmsten Schneesturm landen. Ich selbst blieb noch eine Zeitlang sitzen und wartete, bis der größte Trubel abgeebbt war, und als ich mich zu meinem Seesack vorkämpfte, sah ich die Inder eingepackt bis zur Nasenspitze fast eine Stunde vor der Landung stocksteif schon wieder auf ihren Plätzen sitzen. Selbst die Skibrillen hatten sie schon auf und trugen unter mehreren Mützen auch noch Gesichtsmasken. Ich fragte mich, wie sie das in dem doch recht gut geheizten Flugzeug überhaupt aushielten.

Als ich mich in meinen Tempex gezwängt hatte, ging ich zurück zu meinem Platz, und schon kurz darauf wurde der Beamer wieder angeworfen, und wir konnten sehen, wie wir uns der Airbase Novo näherten. Die Landung verlief sehr sanft, und nach diesem wirklich außergewöhnlichen Flug wurde von allen applaudiert, als wir heil angekommen waren. Weil die Landebahn an Novo Airbase eine Eispiste ist, die regelmäßig präpariert wird, stieg ich äußerst vorsichtig aus, da es schon Unfälle und Knochenbrüche durch das Ausrutschen auf dieser sehr glatten Piste gegeben hatte.

Jetzt waren wir also in der Antarktis – und ich stand tatsächlich auf dem ewigen Eis. Es war relativ gutes Wetter, zwar kalt, aber durchaus erträglich. Das Flugzeug wurde entladen, und alle packten mit an. Wir luden die Gepäckstücke auf Nansen-Schlitten, die mit Skidoos zu den Zeltunterkünften gezogen wurden. Nach ungefähr zwei Stunden war das Flugzeug geleert, und wir gingen zu den Zelten, um uns dort »einzurichten«. Insgesamt besteht Novo Airbase aus einem Versorgungszelt und fünf Zelten für die Fluggäste, die je nach Wetter oft länger Aufenthalt haben.

Sehr interessant waren auch die sanitären Einrichtungen: Es gab einen Container auf Stelzen, unter dem drei leere Ölfässer standen. Ich musste schon eine Weile überlegen, was es mit diesem seltsamen Konstrukt wohl auf sich hätte, bis mir klar wurde: natürlich die Toiletten! Ich dankte Gott, dass ich in der Antarktis war und nicht mehr in

Südafrika, sonst wäre die Duftemission sicher beträchtlich gewesen – aber bei antarktischen Temperaturen ist das eine geschickte Lösung des Toilettenproblems. Im Inneren gab es ganz normale Toilettenschüsseln, allerdings mit einer Moosgummiklobrille versehen – um zu verhindern, dass man an der Toilette festfriert.

Wir Überwinterer waren gemeinsam in einem relativ großen Zelt mit zehn Feldbetten, zwischen denen es jeweils ungefähr dreißig Zentimeter Freiraum gab, untergebracht. Wir beschränkten uns darauf, nur das Nötigste mit ins Zelt zu nehmen, da es sonst sehr schnell zu massiven Platzproblemen gekommen wäre. Nur Handgepäck sowie der Seesack mit Isomatte und Schlafsack durften hinein. Ich packte meinen Schlafsack aus und war auch froh über die Isomatte, die ich auf die durchgelegene und schmutzige Matratze des Feldbetts unter den Schlafsack legte.

Am nächsten Tag waren wir wohl alle vom Flug und der ganzen Aufregung noch sehr geschafft und verbrachten deshalb einige gemütliche und entspannte Stunden auf der Airbase.

Ich war fasziniert vom Eis, davon, dass es die ganze Zeit taghell war, von den Bergen in der Umgebung des Airfields und vor allem davon, jetzt wirklich hier zu sein.

Wir streiften ein bisschen herum und sahen uns genauer um: Etwas abseits standen ein alter russischer Panzer und ein anderes seltsames Gefährt mit riesigen Luftreifen, die schon total verformt waren. Das Kurioseste aber war ein Flugzeug, das halb eingeschneit auf dem Rücken im Schnee lag. Wir erfuhren, dass es vor längerer Zeit durch eine Sturmbö umgeworfen und dabei zerstört worden war, und seither hatte sich niemand die Mühe gemacht, es wegzubringen – warum auch, es störte dort ja nicht wirklich.

Am nächsten Tag stellte sich heraus, dass sich unser Weiterflug aus logistischen Gründen noch etwas verzögern würde, was uns die Möglichkeit eines Ausflugs zur eigentlichen russischen Station Novolaszarevskaja – der sogenannten Oase – und zur indischen Station Maitri gab.

Die russische Station ist auf Fels gebaut und liegt einige Kilometer vom Airfield entfernt. Allein die Reise zur Station war ein Abenteuer. Ich traute meinen Augen kaum, als mit unheimlichem Lärm ein alter russischer Panzer, wohl aus den Zeiten des Zweiten Weltkriegs, auf unsere Zelte zusteuerte. Es stiegen die zwei kauzigsten Männer aus, die ich je in meinem Leben gesehen hatte: ein großer, etwas rundlicher Mann mit Pelzmütze und Vollbart, und ein etwas kleinerer, sehr dürrer Mann mit einer uralten Lederkappe mit eingebauten Ohrenschützern, die wie Mickymaus-Ohren von seinem Kopf abstanden. Er hatte außerdem einen etwa dreißig Zentimeter langen Bart, und diese seltsame Kombination aus Kappe und Bart verlieh ihm das Aussehen eines Außerirdischen.

Wir wurden von den beiden in gebrochenem Englisch aufgefordert, in den Panzer zu steigen, und so krabbelte ich hinter den anderen über die Ketten in das Gefährt – und kaum war ich drin, war mir klar, warum es von dem Alien gar nicht so dumm war, diese Kappe zu tragen: Der Lärm war wirklich ohrenbetäubend. Zum Glück hatte ich in weiser Voraussicht noch meine Ohrenstöpsel aus dem Flugzeug eingesteckt.

Mit Gesten forderte man uns auf, uns gut festzuhalten, und los ging der wilde Ritt. Von den Sitzbänken hinten konnte man nicht nach draußen sehen, aber ich hätte mich ohnehin nicht auf den Ausblick konzentrieren können, da ich vollauf damit beschäftigt war, mich irgendwo möglichst gut festzuklammern. Nach der Fahrt hatte ich dementsprechend das Gefühl, dass kein Knochen mehr an seinem gewohnten Platz saß.

An der Station Novo angekommen, streunten wir ein wenig herum: Auch hier standen mehrere alte Panzer und sonstige seltsame Gefährte. Die Station bestand aus mehreren im Fels verankerten Pfahlbauten, und wir fanden heraus, welches die Geophysikbauten sein mussten.

Chris und ich beschlossen mutig, die Treppen hinaufzusteigen. Auf der Plattform vor dem Eingang kam uns ein älterer vollbärtiger Russe entgegen und betrachtete uns argwöhnisch. Als wir ihm auf Englisch erklärten, dass wir die Überwinterer der deutschen Station und gerade eingetroffen seien und uns gern bei ihnen ein bisschen umsehen würden, grummelte er irgendetwas von »go ahead« in seinen mächtigen Bart. Wir schauten uns unschlüssig an, sollten wir wirklich einfach da hineingehen? Der Mann machte keine Anstalten, noch mehr Worte an uns zu verschwenden, geschweige denn uns herumzuführen.

Wir wagten es und gingen in die Station, wo wir uns in einem düsteren Gang wiederfanden, von dem links und rechts geschlossene Türen abgingen. Etwas unsicher gingen wir noch ein paar Meter, beschlossen dann aber umzukehren, da ein Gang mit geschlossenen Türen wissenschaftlich nicht besonders aufschlussreich ist. Wir trösteten uns damit, dass wir es wenigstens probiert hatten, und gingen zu den anderen zurück, die sich langsam zum Aufbruch nach Maitri sammelten.

Die indische Station Maitri ist wie Novo auf Fels gebaut und liegt etwa fünf Kilometer von der russischen Station entfernt, und es war für uns eine kleine Wanderung geplant. Also machten wir uns auf den Weg, quer über die Steine in unseren Winteranzügen – eine kleine rote Prozession. Die Strecke war sehr schön, wir passierten mehrere kleine Seen, in die sich die von den Bergen kommenden Gletscher malerisch ergossen.

An der indischen Station wurden wir schon freudig erwartet. Der Empfang bei den Indern stand in krassem Gegensatz zu dem, was uns an der russischen Station widerfahren war: Zunächst wurden wir alle in den Gemeinschaftsraum gebeten, wo uns Tee gereicht wurde, und der Stationsleiter hielt die Mitglieder seines Teams an, sich einzeln vorzustellen – ob sie wollten oder nicht. Anschließend setzten wir uns zum Essen, ein wahres Festmahl war für uns vorbereitet worden: Würstchen, Reis, Gemüse, Nachtisch, alles, was das Herz begehrte.

Nach dem Essen wurden wir zuerst durch den Zentralbau der Station geführt, in dem sich die Gemeinschaftsräume befinden. Am faszinierendsten war für mich der »Dachboden« der Station. In diesem Bereich, in dem man sich nicht aufrecht, sondern nur gebückt oder gar auf allen vieren fortbewegen konnte, befanden sich mehrere kleine Räume. In einigen von ihnen standen Musikinstrumente, in anderen Videosammlungen und ein kleiner Fernseher. Am stärksten beeindruckte mich aber der Altarraum. Der Stationsleiter erklärte uns, dass es in Indien viele verschiedene Religionen gibt und dass dieser kleine Raum den Überwinterern zur Verfügung gestellt wurde, um dort ihre religiösen Gegenstände zum Beten aufzustellen. Ich war wie erschlagen von dem Glitzern und Funkeln, das den Raum erfüllte, der bis unter die Decke vollgestopft war mit indischen Blumenketten, Götterbilder, kleinen Statuen, goldenen Schüsseln und vielem mehr.

Die Führung dauerte etwa eine Stunde, die Inder waren wirklich sehr aufgeschlossen und zeigten uns alles – von den wissenschaftlichen Einrichtungen, die außerhalb des Hauptgebäudes in kleinen Häusern untergebracht waren, über die Dieselgeneratoren und die Fitnessräume bis hin zu den Verbrennungstoiletten. Nachdem wir mehr oder weniger alles gesehen hatten, wurde nochmals Tee im Gemeinschaftsraum ausgeschenkt.

Chris mit ihren hellbraunen langen Haaren war bei den indischen Überwinterern das beliebteste Fotomotiv, sie musste sich mit fast allen einmal fotografieren lassen. Das jetzt scheidende Überwinterungsteam hatte aus Männern verschiedenster

Altersklassen und einer etwa 1,50 Meter großen, fünfzig Jahre alten Ärztin bestanden – dementsprechend freuten sich gerade die jüngeren Männer, mal wieder zwei andere Frauen zu sehen.

Als einer der Männer Chris und mir eine kleine indische Statue schenkte, und ich den gekränkten Gesichtsausdruck der Ärztin sah, die dazu nur »I wintered one year with him and he never gave me a present« äußerte, schämte ich mich richtig – auch wenn ich die Geste des Mannes sehr freundlich fand.

Als Abschiedsgeschenk erhielt jeder von uns noch eine indische Münze, und ich kehrte mit lauter neuen Eindrücken zurück nach Novo. Auch wenn wir in der Antarktis waren, so kam mir dieser Nachmittag auf Maitri so vor, als wäre ich in einem fremden Land gewesen.

Am dritten Dezember war der große Tag gekommen: Wir stiegen in die kleine Basler-Maschine, die uns zur Neumayer-Station bringen sollte, und nach drei Stunden Flug erreichten wir endlich unser Ziel – neun Tage nach unserer Abreise in Frankfurt.

3

Ankommen

Bei unserer Ankunft an der Station wurden wir von allen herzlich begrüßt. Kaum waren wir aus dem Flugzeug gestiegen, kamen lauter eingemummelte Menschen auf uns zu, einer nach dem anderen wurde umarmt, und ich fragte mich, ob ich mir wohl einen der Namen der Leute merken könnte, die sich mir vorstellten – vor allem, weil mit den großen Sonnenbrillen alle fast gleich aussahen.

Neben der Flugbahn stand eine Schneebar, die von den Überwinterern des letzten Teams aufgebaut worden war. Dort stießen wir erst mal mit Sekt auf unsere glückliche Ankunft auf der Station an. Am meisten rührte mich der kleine gelbe Plastikblumenstrauß, der – um die Feierlichkeit der Situation noch zu betonen – im Tresen der Schneebar steckte. Außerdem hatten unsere Vorgänger ein schönes Transparent gespannt, auf dem stand in bunten Buchstaben

Welcome to Neumayer

Ich war schrecklich aufgeregt, jetzt war ich also wirklich in meinem neuen Zuhause angekommen! Nachdem die Gläser geleert waren und die erste Aufregung sich gelegt hatte, ging es mit dem Pistenbully über die Ostrampe nach unten in die Station.

Was für ein seltsames Gefühl, all die Dinge in der Realität zu sehen, die ich bisher nur von Bildern kannte, auf denen vor allem das Innere der Station meist grau in grau und unwohnlich erschien. Der Pistenbully stoppte vor der Werkstatt, und auf den Gitterrosten außerhalb der Werkstatt ging es zu Fuß weiter in die Oströhre, den Wohn- und Arbeitsbereich der Station. Am nördlichen Ende der Röhre sahen wir eine schwere silberne Kühlhaustür, durch die wir in einen langen Flur gelangten. Rechts an der Wand befanden sich Kleiderhaken und Ablagen, links eine Tür an der anderen, und das auf etwa vierzig Meter Länge – die Zimmer der Überwinterer und somit auch unsere neuen Wohnstätten.

Im Winter bekommt jeder sein eigenes Zimmer, zwar mit fester Einrichtung, bestehend aus drei Schränken, einem Schreibtisch, einem Regal und zwei Betten übereinander, von denen eines an die Wand geklappt werden kann, ansonsten aber zur freien Gestaltung. Im Sommer jedoch ist aufgrund Platzmangels jedes Zimmer mit zwei Personen belegt, das heißt, die Altüberwinterer mussten zusammenrücken, um für uns Neuankömmlinge Platz zu schaffen.

Wir liefen den Flur entlang, ungefähr bis zur Mitte: Hier sollte für die ersten drei Monate das Zimmer von Chris und mir sein. Neben der Tür hatten unsere Vorgänger sogar schon Namensschilder aufgehängt, die Zimmer waren schön hergerichtet, und auf den Betten lag für jeden von uns eine Schachtel Pralinen und eine Karte mit einem kleinen Willkommensgruß.

Chris und ich stellten unsere Koffer im Zimmer ab und einigten uns über die Bettenverteilung. Nach einer dringend notwendigen Dusche versuchte ich mich erst mal zu orientieren. Wir erhielten eine kurze Sicherheitseinweisung und eine Führung durch die Station von der Stationsleiterin, was allerdings nichts daran änderte, dass ich mich immer wieder verlief – wollte ich zum Büro, lief ich in Richtung meines Zimmers, ich fand das Bad nicht auf Anhieb, und selbst nach Monaten hatte ich noch Schwierigkeiten, die Fahrzeugrampen (Ost- und Nordrampe) auseinanderzuhalten.

Da es auf der Station keine anderen Anhaltspunkte gibt, sind die Röhren, Rampen, Treppentürme und andere Orte immer zusätzlich mit Himmelsrichtungen versehen. Westturm, Ostturm, Weströhre, Oströhre, Nordrampe, Ostrampe usw. So entstanden auch verwirrende Beschreibungen, wie »im nördlichen Teil der Weströhre«.

Hatte ich dann wenigstens die richtige Röhre gefunden, gab es ja nur noch zwei Richtungen, in denen ich suchen musste. Aber wie sollte ich wissen, wo Norden ist, wenn ich mich zwölf Meter unter dem Eis befand und nicht gerade zufällig einen Kompass zu Hand hatte?

Da ich mich gut an meine anfänglichen Probleme, mich in dieser nicht sehr großen und eigentlich auch recht übersichtlichen Station zurechtzufinden, erinnere, möchte ich Sie zunächst auf einen kleinen Rundgang durch die Station einladen und Ihnen den Aufbau sowie die verschiedenen Räumlichkeiten beschreiben.

Die Station wurde 1992 gebaut. Sie besteht aus zwei etwa 90 Meter langen Stahlröhren mit damals etwa acht Meter Durchmesser, die durch einen Zwischengang verbunden sind. Zu erreichen ist die Station entweder durch die zwei Fahrzeugrampen oder über die Treppentürme am südlichen Ende jeder Röhre.

Beim Bau der Station wurden die Röhren nur leicht mit Schnee bedeckt. Durch den jährlichen Schneezutrag von etwa einem Meter wurde die Station nach und nach mehr »zugedeckt« (fälschlicherweise wird oft angenommen, dass die Station versinkt, aber das ist eigentlich nicht der Fall). Als ich dort ankam, lag sie schon mehr als zwölf Meter unter dem Schnee, und die Treppen innerhalb der Türme, die beim Bau der Station nur aus ein paar Stufen

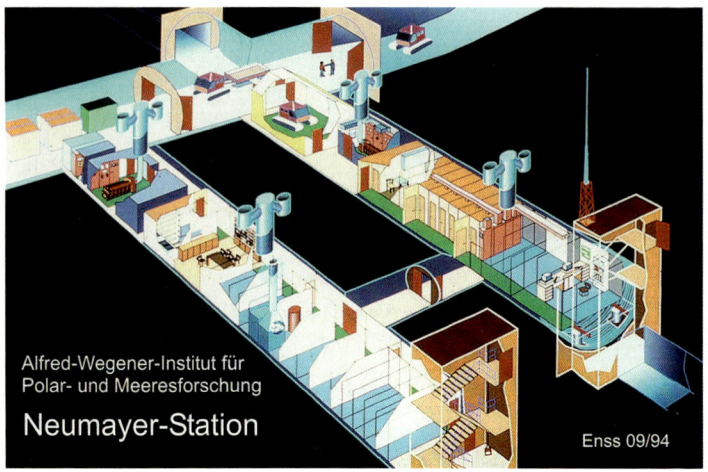

Alfred-Wegener-Institut für
Polar- und Meeresforschung

Neumayer-Station

Enss 09/94

bestanden hatten, waren schon stolze neunzig Stufen hoch. Durch die Last des Schnees und die Kraft des fließenden Gletschers (das Ekström-Schelfeis bewegt sich pro Jahr etwa hundertfünfzig Meter nach Norden), auf beziehungsweise in dem sich die Station befindet, wurden die stabilen Stahlröhren schon stark zusammengedrückt und deformiert. Der vertikale Durchmesser der Röhren lag während meiner Überwinterung nur noch bei etwa fünf bis sechs Metern.

In diese Röhren wurde auf Stahlträgern, die auf mit Lavaschlacke gefüllten Fässern stehen, das Innenleben der Station – die Container – eingebaut. Diese Container sind herkömmliche, aber für diesen Zweck speziell umgebaute Zwanzig-Fuß-Schiffscontainer. Außerhalb der Container sind Gitterroste angebracht, so dass man zwischen der nackten Stahlröhre und den Außenwänden der Container entlanggehen kann. Der nutzbare Raum der Container wird durch den Umstand, dass von jedem ein Stück Flur abgetrennt wurde, auf etwa acht Quadratmeter beschränkt.

Am Beispiel der Wohncontainer kann man diese Bauweise sehr gut verdeutlichen: ein Überwintererzimmer besteht jeweils aus einem Container, in den eine Wand mit Tür eingezogen wurde. Durch diese Tür gelangt man direkt auf den Flur, der etwa zwei Quadratmeter des Containers ausmacht. Durch die Aneinanderreihung der Container, die alle nach dem gleichen Prinzip konstruiert sind, entsteht so ein Gang, der durch alle Container führt.

Im Norden der Oströhre befindet sich die Werkstatt, die Wirkungsstätte der Techniker. Sie sieht ein bisschen aus wie ein kleines Haus, das unvermittelt in die Röhre gebaut wurde. In ihr ist genug Platz, um Skidoos und sogar die kleineren Pistenbullys im Warmen reparieren zu können. Für diesen Zweck kann eine der Wände entfernt werden, um die großen Fahrzeuge in die Werkstatt zu fahren.

Der restliche nördliche Teil der Oströhre besteht, wie oben schon erwähnt, aus den Schlaf- und Privatcontainern der Überwinterer. Im Flur sind Kleiderhaken angebracht, so dass man die Möglichkeit hat, seine Polarkleidung außerhalb des ohnehin nicht sehr großen Zimmers aufzubewahren.

In der Mitte der Röhre befindet sich der östliche Klimaraum. Sämtliche Zimmer der Station sind durch eine zentrale Klimaanlage verbunden, die für eine gute Luftzirkulation sorgt. Leider ist es dadurch nicht gut möglich, sein Zimmer auf individuell angenehme Temperaturen zu heizen oder zu kühlen.

Hinter dem Klimaraum befindet sich der »Warm«-Store (Lagerraum) für die Fachbereiche Metereologie und Geophysik, daran schließen sich das Geophysik- und das Meteorologie-Laboratorium an. Beide Labors bestehen aus zwei aneinandergefügten Containern, so dass jedes von ihnen etwa achtzehn Quadratmeter groß ist.

Der Verbindungsgang zwischen Ost- und Weströhre zweigt etwa in der Mitte der Röhre ab. Jede der beiden Containeranordnungen hat drei Eingänge, einen im Norden, einen im Süden und einen in der Mitte. Diese sind jeweils große silberne Kühlhaustüren, womit verhindert wird, dass zuviel Wärme aus den Containern entweicht. Im Sommer liegt die Temperatur außerhalb der Container bei erträglichen minus fünf Grad, im Winter allerdings kann es schon vorkommen, dass die Temperatur in den Stahlröhren auf minus zwanzig Grad sinkt.

Der Verbindungsgang zwischen den beiden Röhren ist wie der gesamte Außenbereich der Container nicht beheizt und mit Holz ausgelegt. In dem Gang werden auch die Zarges-Kisten der Überwinterer gelagert. In der Mitte des Gangs befindet sich eine große rote Feuerschutztür, die bei einem etwaigen Brand verhindern soll, dass sich dieser auf beide Röhren ausdehnt.

Wir gelangen nun durch die mittlere Tür in die Weströhre. Nur sie ist mit fließendem Wasser versorgt. Das Innenleben der Container ist nach demselben Prinzip aufgebaut wie in der Oströhre: ein beheizter Gang im Inneren der Container. Direkt gegenüber der Tür, die vom Verbindungsgang in die Weströhre führt, befindet sich die Toilette, die aus einem Pissoir und drei Klokabinen besteht, von denen die hinterste den Frauen zugeteilt wurde.

Links neben dem Toilettenraum befindet sich das Bad. Es besteht aus zwei miteinander verbundenen Containern. An der einen Seite haben fünf Waschbecken und Spiegel Platz, ihnen gegenüber ein Regal, in dem jeder Stauraum für seine Waschsachen findet. Hinter dem Regal liegt die Sauna, und durch einen Vorhang gelangt man zu den zwei Duschkabinen.

Gehen wir nun vom Bad aus in Richtung Süden, kommen wir als Erstes zum Büro des Stationsleiters und Arztes, anschließend zum Operationsraum und Hospital. Das Hospital ist von medizinischem Standpunkt aus auf viele Eventualitäten vorbereitet, da während der Winterzeit keine Möglichkeit bestünde, einen Verletzten oder Kranken auszufliegen.

Hinter dem OP befinden sich noch ein altes Fotolabor, das aber nach Aufkommen der Digitalfotografie nicht mehr viel benutzt wird, und das Luftchemische Labor.

Dahinter schließt sich unser »Drogeriemarkt« an: ein Store für Glühbirnen und Hygieneartikel wie Shampoo, Zahnbürsten etc. Im Laufe der Überwinterung wurde das Wort »einkaufen« recht oft verwendet, man ging sich Shampoo kaufen, oder man musste mal wieder Zahnpasta einkaufen gehen – die kleine Shoppingtour bestand dann jedoch nur darin, dass man nach hinten in den Store lief und sich etwas nahm.

Hinter dem Store befindet sich nur noch die Umkleide: Dieser Raum dient im Sommer, wenn viele Personen auf der Station sind und außerhalb der Röhren in den Kabausen wohnen, als Ablageplatz für die Polarkleidung der Sommergäste. Im Winter wird er in einen Gymnastikraum umgewandelt.

Und schon sind wir am südlichen Ende der Röhre angekommen und befinden uns wieder vor einer der dicken silbernen Kühlhaustüren: Öffnen wir diese, so kommen wir in den Elektronik-Kalt-Store und von dort aus weiter in das Treppenhaus. Hier findet man (wie am südlichen Ende der Oströhre auch) die neunzigstufige Treppe, die an die Eisoberfläche führt. Die Wände des Treppenturms sind aus Holz, das dunkelbraun beschichtet ist, damit keine Feuchtigkeit durch geschmolzenes Eis das Holz brüchig machen kann. Die Treppenstufen bestehen aus Gitterrosten – am Anfang fiel mir das noch negativ auf, da man von oben direkt bis auf den Grund des Turms sehen kann, aber wie an so vieles habe ich mich im Laufe der Zeit auch daran gewöhnt.

Gehen wir nun wieder zurück zu unserem Ausgangspunkt in der Weströhre, der Toilette, und bewegen uns weiter in Richtung Süden, so kommt als Erstes zur Linken der Schmelzenraum. In diesem befindet sich der beheizte Tank, in den durch ein Fallrohr Schnee geschippt wird, der anschließend im Tank zum Schmelzen gebracht wird. Der Tank hat ein Sichtfenster, so dass jederzeit der Wasser- bzw. Schneestand in der Schmelze überprüft werden kann. Mittels Pumpen wird das Wasser weiter in den daneben liegenden sogenannten Waschmaschinenraum gepumpt, der neben dem Wasservorratstank zwei Waschmaschinen und einen Trockner beherbergt.

Neben diesem Raum liegt der während der Sommersaison wohl am besten besuchte Raum der Station: der Raucherraum. Auf nur acht Quadratmetern tummelten sich dort zu Bestzeiten an die fünfzehn Personen, die Luft war stickig, aber nichtsdestotrotz war er einer der beliebtesten Aufenthaltsorte. Sehr angenehm war hier auch die leicht vibrierende Rückenmassage, die einem zuteil wurde, wenn man mit dem Rücken an der Wand zum Waschmaschinenraum lehnte und das Glück hatte, dass gerade der Schleudergang lief.

Nun gehen wir weiter, vorbei am West-Klimaraum, dem Technikbüro, dem Stationsbüro und der Funkstube in Richtung Messe. Das Wohnzimmer, beziehungsweise die Messe, wie es hier im Seefahrerjargon genannt wird, ist der größte Raum der Station. Von ihr ist kein Gang abgetrennt, und sie besteht aus vier Containern. Hier wird gegessen, Video gesehen, Karten gespielt, zusammengesessen und geplaudert – eben all das getan, was man sonst so in einem Wohnzimmer tut. Die Messe ist dementsprechend ausgestattet mit einer Ledergarnitur, einem kleinem Wohnzimmertisch, einem Fernseher, einer Leinwand mit Beamer für Kinovorführungen und verschiedenen Schränken. An den Wänden stehen mit zahlreichen Büchern, Videos und DVDs gefüllte Regale – Langeweile kann hier also eigentlich nicht aufkommen.

Eine Durchreiche verbindet die Messe mit der Küche, einem der wichtigsten Räume der Station. Sie besteht aus zwei Containern und ist mit allem Notwendigen ausgerüstet: zwei Kühlschränken, einem Gefrierschrank, einer Spülmaschine, einem Herd und vielem mehr. Dahinter befindet sich noch ein kleiner Vorratsraum, in dem der Koch große Töpfe und oft benötigte Nahrungsmittel zwischenlagern kann.

Und so sind wir auch schon am Ende der Weströhre angekommen, verlassen diese wieder durch eine der schweren Kühlhaustüren und stehen direkt vor vier guten alten deutschen Mülltonnen.

Als ich diese das erste Mal erblickte, musste ich wirklich lachen und fühlte mich gleich wie zu Hause: eine gelbe, eine grüne, eine blaue und eine rote Mülltonne – alles, was das Recycling-Herz begehrt.

Weiter in Richtung Norden stehen zwei Dieselgeneratoren in gesonderten Räumen. In der Messe hört man immer das leise Brummen der Generatoren, das ich aber nach kürzester Zeit ausgeblendet hatte und nicht mehr wahrnahm.

Geht man an den Dieselgeneratoren vorbei, passiert man als Nächstes die Kläranlage, bevor man ins Recyclingparadies gelangt: Ganz am Ende der Röhre stehen die Müllpresse, der

Schredder und der Zwanzig-Fuß-Müllcontainer. Dort werden täglich die geschredderten und gepressten Abfälle eingestaut. Dieser Container wird im Sommer mit dem Schiff nach Kapstadt gebracht und der Müll dort fachgerecht entsorgt.

Hält man sich vor dem Container links, kommt man zum Supermarkt: vier sogenannte Reefer (mit einem Stromanschluss versehene Zwanzig-Fuß-Container, in denen eine konstante Temperatur gehalten werden kann). Zwei dieser Reefer dienen als Kühlschränke und werden auf fünf Grad geheizt, in ihnen befinden sich Konserven, Getränke, Obst und Gemüse (solange noch vorhanden), Eier und alles, was nicht gefrieren darf. Die zwei anderen Reefer haben konstant eine Temperatur von minus zwanzig Grad und bieten Platz für die Tiefkühlware, die die Hauptnahrung der Überwinterer ausmacht. Auf den Reefern befinden sich alle Nahrungsmittel, die gegen die üblichen Temperaturschwankungen außerhalb der beheizten Container (zwischen minus fünf und etwa minus fünfzehn Grad während der Jahreszeitenwechsel) unempfindlich sind: Nudeln, Reis, Gewürze, Tee, Süßigkeiten, Chips, Cornflakes und vieles mehr.

Geht man hinter den Reefern durch eine kleine Tür, gelangt man in die Tankhalle. Hier wird in sechs Tanks, die jeweils 20 000 Liter Diesel fassen, der Treibstoff für die Generatoren der Station gelagert.

Und damit endet unser kleiner Rundgang durch die Station.

4

Das erste Mal bei den Pinguinen

Das wohl spektakulärste Erlebnis an meinem ersten Tag auf der Station war ein abendlicher Ausflug zu den Pinguinen, den unsere Vorgänger, da auch das Wetter mitspielte – es war relativ warm und fast windstill – für uns geplant hatten. Also zogen wir nach dem Abendessen voller Vorfreude schnell unsere Polarkleidung an und machten uns mit mehreren Skidoos und Schlitten auf den Weg zur Pinguinkolonie.

Die Skidoos werden in der Fahrzeughalle an der Nordrampe geparkt. Die Fahrzeughalle ist eine Halle mit etwa fünf Meter hohen Eiswänden, die normalerweise jedes zweite Jahr nach oben verlegt wird. Das Dach der Halle und somit der Rampendeckel sollten auf demselben Niveau wie die Schneeoberfläche bleiben, da man sonst nach einem Sturm mit viel Schnee große Probleme hätte, die Rampe wieder zu öffnen. Bei diesen Hochsetzaktionen wird das Dach erhöht und anschließend die Halle quasi mit Schnee wieder »aufgefüllt«. Somit bleibt die Höhe des Hallendachs immer konstant.

Von der Oströhre aus ist die Fahrzeughalle durch einen etwas engeren Gang zu erreichen, der durch die schon vorangegangenen Hochsetzaktionen bergauf führt. Eine kleine Schneetreppe mit Holzgeländer führt nach oben in die Halle.

> Neben dem »Fußgängerweg« befindet sich noch eine Ski-
> doofahrspur, aber insgesamt ist der Gang nur etwas mehr als
> zwei Meter breit.

Als ich in der Fahrzeughalle ankam, herrschte schon reges Treiben dort, denn die Altüberwinterer waren bereits dabei, die Fahrzeuge für unseren Ausflug vorzubereiten.

Wie wir im Rahmen der Vorbereitungsseminare in Bremerhaven schon erfahren hatten, befanden sich an der Station zehn
Skidoos und fünf Nansen-Schlitten mit Notfallkisten. Es gab verschiedene Regeln, an die sich jeder – egal ob Sommergast oder
Überwinterer – für seine eigene Sicherheit zu halten hatte, und
dazu zählte auch, dass man bei Verlassen des Stationsgeländes
mit dem Skidoo immer einen Schlitten mit Notfallkiste dabei-
haben musste. In diesen Kisten befand sich die Notausrüstung für
zwei Personen, weil es streng verboten war, allein oder zu zweit
mit nur einem Skidoo das Meereis zu befahren. Sollte nämlich
ein Unfall passieren oder einer der Skidoos einbrechen, so musste
ein zweiter Skidoo vor Ort sein, damit der Verunglückte wenigstens einigermaßen geborgen werden könnte.

Eine dieser Kisten hatten wir auf dem Bergkurs im Detail an-
gesehen – die an der Station waren aus Sicherheitsgründen ver-
plombt und durften nur im wirklichen Ernstfall geöffnet werden.

Bevor wir aufbrechen konnten, mussten die Skidoos überprüft
und betankt und ausreichend Schlitten mit Notfallkisten an die
Skidoos angekoppelt werden. Ich staunte über den Gestank und
den Lärm der Fahrzeuge und die Bilder, die ich aus Filmen kannte, wurden vollständig entromantisiert: Leute, die fast geräusch-
los mit einem Skidoo über den Schnee schweben, möglichst noch

in den Sonnenuntergang – so ähnlich hatte ich mir das vorgestellt. Die ohrenbetäubende Realität belehrte mich aber schnell eines Besseren.

Nach etwa einer Viertelstunde war alles parat, und wir knatterten im Pulk los in Richtung Pinguinkolonie.

Etwa fünf Kilometer Luftlinie von der Station entfernt befindet sich auf dem Meereis eine Kaiserpinguinkolonie. Dort sammeln sich zu Beginn der Brutzeit im März etwa 5000 Tiere, um sich zu paaren. Ungefähr im April beginnt die Brutzeit, und im August schlüpfen die ersten Jungtiere. Die Kolonie bleibt dann zur Aufzucht der Jungen noch bis etwa Mitte oder Ende Januar des darauffolgenden Jahres erhalten, bevor die Jungtiere »flügge« geworden sind. Flügge ist natürlich nicht das richtig Wort, es hieße in dem Fall wohl besser »schwimme« – was bedeutet, dass sie

ihren graues »Kinderkleid« ablegen und darunter der charakteristische Frack zum Vorschein kommt.

Da wir in der Antarktis Anfang Dezember ankamen, war ich wirklich schon sehr gespannt darauf, die jungen Pinguine zu sehen. Wir wussten, dass die Kleinen vor der Mauser stehen müssten und sich die Eltern zu diesem Zeitpunkt schon mit dem Füttern abwechselten.

Und natürlich wusste ich auch, dass es ziemlich viele Tiere wären – 5000 Exemplare sind doch ein ganz schöner Haufen – aber all diese Vorwissen bereitete mich nicht wirklich auf das vor, was wir dort zu sehen bekamen.

Schon von weitem hörten wir ein lautes Geschnatter und Getröte, das sogar den Lärm der Skidoos übertönte, und als wir in Sichtweite der Kolonie kamen, war ich regelrecht erschlagen. Hunderte, ja Tausende von Tieren standen, liefen, lagen und rutschten vor der Kulisse der Eisberge auf dem Meereis herum!

Als wir die Schlitten abgestellt hatten, näherten wir uns lang-

sam der Kolonie. Da die Tiere an Land bzw. an Eis keine natürlichen Feinde haben, sind sie nicht scheu oder ängstlich, aber
dennoch hielten wir einen großen Abstand zu den Pinguinen ein –

Das Umweltbundesamt (UBA) für Mensch und Umwelt gibt den
Leitfaden für Antarktisbesucher heraus. Darin stehen allgemeine Verhaltensrichtlinien und auch, welcher Abstand zu den in
der Antarktis lebenden Tieren eingehalten werden sollte.
Die Flora und Fauna in der Antarktis ist einzigartig und sollte
vor allen Einflüssen, die von außen kommen, geschützt werden, um das Gleichgewicht, das sich hier seit Jahrtausenden
eingestellt hat, nicht zu gefährden.
Der Abstand, der zu Pinguinen eingehalten werden sollte, beträgt fünf Meter, der Abstand zu Kaiserpinguinen in Kolonien
dreißig Meter.

um sie nicht zu erschrecken und auch aus Respekt: Immerhin ist das ihr Zuhause, in das wir eindrangen. Und natürlich wollten wir nicht gegen die UBA-Richtlinien verstoßen.

Die Jungtiere liefen aufgeregt herum und flatterten mit den Flügelchen, als hätten sie die Hoffnung, doch irgendwann abheben zu können, noch nicht aufgegeben. Sie warfen immer wieder die Köpfe in die Höhe und bettelten bei den Eltern um Futter. Hierbei stießen sie ein herzerweichendes Piepsen aus. Ab und zu ließ sich eines der Elterntiere auch »überreden« und würgte ein paar Brocken hervor.

Eigentlich bin ich kein Mensch, der vor Rührung dahinschmilzt, weil etwas »süß« ist – aber beim Anblick dieser kleinen grauen Federbällchen, die dort auf dem Eis herumtappten, schossen sogar mir die Tränen in die Augen: So etwas Anrührendes und Außergewöhnliches wie diese Tiere in dieser unwirtlichen Umgebung hatte ich wirklich noch nie in meinem Leben gesehen.

5

Der Alltag beginnt

Ein paar Tage nach unserer Ankunft auf Neumayer trafen auch die restlichen drei von uns ein. Charly (der Arzt und neue Stationsleiter), Karin (die Luftchemikerin) und Claudia (die Meteorologin) waren aus logistischen Gründen etwa eine Woche nach uns in Deutschland abgeflogen. Endlich war unser Team komplett, und es konnte richtig losgehen!

Die ersten Wochen an der Station vergingen wie im Fluge – es gab so viel zu lernen und zu entdecken, dass ich fast überfordert war, alles aufzunehmen.

Die Einarbeitung der einzelnen Fachbereiche sowie der Techniker, des Kochs und des Arztes begann direkt nach der Ankunft auf der Station.

Für Chris und mich bedeutete das, dass wir in den Bereichen der Seismologie, der Geomagnetik und des Infraschalls eingearbeitet wurden. Natürlich hatten wir in Bremerhaven während der Vorbereitung am AWI schon vieles theoretisch gelernt, aber es lagen doch Welten zwischen dem theoretischen Wissen und der praktischen Arbeit in der Antarktis.

Wir mussten lernen, uns auf den Rechnern und mit den Programmen zurechtzufinden, die uns die täglichen Routinen erleichtern sollten beziehungsweise diese ausführen. Ich war fast schockiert, als ich sah, was für eine Masse an Programmen und Skripten dort täglich automatisch abliefen, und fragte mich, wie ich mich jemals in diesem Netzwerk, mit seinen »gewachsenen

Strukturen«, zurechtfinden sollte. Generationen von Überwinterern vor uns hatten kleine Programme geschrieben, die die Arbeit eigentlich erleichtern sollten. Diese bauten wiederum auf anderen schon existenten Programmen auf, und da jeder Überwinterer nur eine relativ kurze Zeit an der Station verbrachte, entstand ein wahrer Irrgarten an unzähligen Programmen, die kreuz und quer aufeinander zugriffen – wodurch die Datenverarbeitung insgesamt unübersichtlich wurde. Für mich als zukünftige Systemadministratorin ohne vorherige Erfahrung auf diesem Gebiet war dies anfangs ein Buch mit sieben Siegeln. Erst nach einigen Monaten, während derer ich mich tief in den Programmdschungel wagen musste, fand ich mich in diesem Wirrwarr zurecht.

Unsere Vorgänger hatten ihre Plätze im Büro schon geräumt, und Chris und ich übernahmen Schritt für Schritt die täglichen Routinearbeiten. Die Einarbeitung verlief sehr strukturiert: Das erste Fachgebiet, in das wir eingewiesen wurden, war die Seismologie, die auch im Winter eine unserer Hauptarbeiten darstellen würde.

An Neumayer werden täglich die Seismogramme von vier Seismometern ausgewertet. Die Auswertung, das sogenannte Einsatzzeitenpicken (hierbei wird in den Seismogrammen nach Einsatzzeiten von Erdbebenwellen gesucht, diese Zeiten gespeichert und anschließend an internationale Erdbebendienste gemeldet), erfolgt mit speziellen Computerprogrammen und war die zeitaufwendigste Routine für uns Geophysiker.
Die Seismometer befinden sich alle maximal 250 Kilometer Luftlinie von der Station entfernt:
Das sogenannte OBS-Seismometer (von Observatorium) liegt

in etwa 800 Metern Entfernung von der Station und ist daher am einfachsten zu warten oder bei Problemen zu erreichen.

Ein weiteres Seismometer befindet sich an der südafrikanischen Station Sanae und wird auch von den dortigen Wissenschaftlern betreut. Diese führen die Wartungsarbeiten durch, allerdings obliegt die Auswertung der Daten den Geophysikern der Neumayer-Station.

Die anderen zwei Seismometer befinden sich an den seismologischen Außenstationen, die beide etwa 100 Kilometer Fahrtweg von der Neumayer-Station entfernt sind. Anders als das OBS-Seismometer werden diese Stationen normalerweise, wenn keine besonderen Probleme auftreten, nur einmal im Jahr angefahren. Das ist notwendig, da auch hier durch den jährlichen Schneezuwachs die Geräte nach und nach verschwinden und immer wieder hochgesetzt werden müssen.

Unser Zeitplan sah vor, dass diese mehrtägige Fahrt zu den Außenstationen, die sogenannte Traverse, schon weniger als drei Wochen nach unserer Ankunft stattfinden sollte.

Neben der Vorbereitung und Planung der Traverse mussten in diesen ersten drei Wochen auch noch die neun Elemente der von uns betreuten Infraschallstation hochgesetzt werden:

Die Infraschallstation dient der Überwachung des internationalen Atomwaffenteststoppabkommens, und die Geophysiker auf Neumayer sind für die Wartung und Instandhaltung der neun ringförmig angeordneten Elemente dieses sogenannten Arrays zuständig. Mit Hilfe eines Arrays – der speziellen Anordnung von Messgeräten – ist es möglich, die Richtung, aus der ein detektiertes Ereignis (in diesem Fall eine Infraschallwelle) relativ

zum Messgerät kommt, zu bestimmen. In anderen Worten: Durch diese Anordnung funktioniert die Anlage als eine Art Richtantenne. Zu unseren Aufgaben gehörte neben der Gewährleistung der Echtzeit-Datenübertragung nach Hannover und Wien im Sommer auch das Höhersetzen der Stationen, wobei unser Zuständigkeitsbereich vor allem das An- und Ausschalten und die Überprüfung der Geräte umfasste. Die Hauptarbeit, das Ausgraben der Stationen, die oft mehr als eineinhalb Meter unter dem Schnee lagen, wurde vom Bauteam ausgeführt. Wobei wir natürlich bei unseren Fahrten zu den einzelnen Stationen, die zwischen fünf und sieben Kilometer von der Neumayer-Station entfernt sind, oft auch eine Schaufel in die Hand nahmen und ein bisschen mithalfen.

Pro Tag konnte – je nach Wetter – maximal eine Station nach oben gesetzt werden, und erst nach etwa zwei Wochen waren alle Elemente des Arrays gewartet und wieder auf der Schneeoberfläche. Diese Tätigkeit draußen genoss ich sehr, es war eine willkommene Abwechslung von der Arbeit im fensterlosen Büro. Je-

des Mal, wenn wir mit dem Skidoo die Rampe hochfuhren und in die gleißende Sonne gelangten, war ich wieder hingerissen – auch wenn sich an der Landschaft nichts merkbar änderte, so war doch jeder Tag anders. Die Sicht war unterschiedlich, mal gab es Spiegelungen der Eisberge am Horizont zu sehen, mal wunderschöne Wolken, mal sah man die Eisberge klar in der Bucht liegen, als könnte man sie berühren, wenn man die Hand ausstreckte.

Andere Male war der Horizont gar nicht zu erkennen, tiefhängende Wolken verschmolzen mit ihm, und man kam sich vor, als befände man sich in einer weißen unendlichen Weite – das Auge fand in der Ferne keinerlei Anhaltspunkte.

Bei den Infraschallstationen angekommen, wurde meist erst einmal Kaffee getrunken und ein bisschen geplaudert, bevor unser eigentlicher Einsatz losging: Das Freischaufeln ist anstrengend, und die Bauleute verbrachten bis auf die Mittagspause den ganzen Tag draußen, daher hatten wir es zu einem Ritual werden lassen, Kaffee und etwas zur Stärkung mitzubringen – was natürlich großen Anklang fand. Es kam mir anfangs total unwirklich vor, da standen wir mitten in der Antarktis mit unseren Tassen in der Hand, als wäre es das Normalste auf der Welt und wir auf einer Baustelle irgendwo in Europa. Und je länger ich da war, und je öfter ich nach draußen kam, desto normaler wurde es für mich auch.

Etwa zehn Tage vor Weihnachten gingen die Planung und Vorbereitung der Traverse in die heiße Phase: Alles musste sorgfältig gepackt und überprüft werden, denn hatte man etwas vergessen, so würde es viel Aufwand bedeuten, es nachliefern zu lassen. Und in der Antarktis wäre dies natürlich nicht ganz so einfach. So können die hundert Kilometer, die man in Deutschland mit dem Auto in ungefähr einer Stunde bewältigen könnte, in der Antarktis ein nur schwer zu überwindendes Hindernis darstellen.

Schon bevor die Traverse stattfinden konnte, musste mit der Meteorologie abgesprochen werden, wann eine Gut-Wetter-Phase von etwa fünf Tagen zu erwarten wäre, da Arbeiten – wie sie an den geophysikalischen Außenstationen durchgeführt werden mussten – sehr stark wetterabhängig sind.

Das Wetter in der Antarktis kann sehr schnell umschlagen und ist wie überall auf der Welt nicht hundertprozentig vorhersagbar, deswegen wird die mehrtägige Traverse mit dem Pistenbully gefahren. Im Sommer, wenn die Temperaturen nicht so niedrig sind, könnte die Strecke theoretisch mit dem Skidoo gefahren werden. Die Gefahr liegt dabei in einem plötzlichen Wetterumschwung mit starker Drift oder Sturm. Ist man mit dem Skidoo unterwegs, ist man auf ein Zelt und einen kleinen Dieselgenerator angewiesen – und hat somit keinen sicheren Ort, an den man sich bei widrigen Wetterbedingungen zurückziehen kann.

Die Fahrzeit mit dem Pistenbully beträgt für eine Strecke von 100 Kilometern mit Tankstopps und Pausen ungefähr zwölf Stunden. Da der Pistenbully mehrere Schlitten ziehen muss, liegt die

Reisegeschwindigkeit bei maximal 10 bis 12 km/h, natürlich immer in Abhängigkeit von Bodenbeschaffenheit und Wetter.

Der sogenannte Bully-Zug, mit dem wir unsere Traverse fuhren, bestand aus einem Pistenbully mit Kran, einem Wohncontainer mit Kochmöglichkeit und Schlafplatz für fünf Personen, einem Technikschlitten und einem »Geo«-Schlitten.

Auf dem Technikschlitten befanden sich unter anderem Benzinfässer für den Pistenbully, ein kleiner Generator und verschiedene Werkzeuge und Ersatzteile.

Der Geoschlitten wurde – wie der Name schon vermuten lässt – von den Geos gepackt, auf ihn wurde alles, was wir auch nur mit einer geringen Wahrscheinlichkeit brauchen könnten, untergebracht. Von Kisten voll mit Schrauben, Muttern, Stahlseilen, Kauschen und Klemmen bis hin zu Akkus in der Größe von Autobatterien und verschiedensten Elektronikbauteilen musste alles mit dabei sein.

Am Abend vor der Abreise fiel ich todmüde ins Bett, auch wenn ich natürlich aufgeregt war – fünf Tage in der Antarktis unterwegs in einem Container mit insgesamt neun Personen, ohne Dusche oder ähnlichen Luxus. So etwas macht man auch nicht alle Tage – und viel ging mir vor dem Einschlafen durch den Kopf.

Am nächsten Morgen um etwa 9 Uhr versammelten sich alle Traverse-Teilnehmer nach und nach am »Zug«, und wir räumten unsere Privatsachen in den Wohncontainer. Mit an Bord waren wir fünf Geos (Chris und ich, unsere Vorgänger und unsere Fachbetreuer), Micha, die Meteorologin unserer Vorgängermannschaft und zwei Mitglieder eines Filmteams.

Ich fragte mich, wie ich das mindestens fünf Tage aushalten sollte: eingepfercht mit acht mehr oder weniger fremden Menschen in einem Raum, der so eng war, dass sich immer nur einer bewegen konnte. Wollte jemand beispielsweise an seine verstauten Sachen, mussten alle anderen entweder nach draußen gehen oder unbeweglich auf den Betten sitzen. Zum Schlafen hatten wir noch zwei Zelte dabei, da die fünf Betten des Containers nicht ausreichten.

Die Abfahrt verzögerte sich noch etwas, und kurz nach 10 Uhr ging es endlich los. Vorn nahmen Fahrer und Beifahrer im Bully Platz und hinten im Wohncontainer wir restlichen sieben. Wir saßen zu dritt auf einem der Betten, und ich schlief erst einmal ein paar Stunden – etwas anderes konnte man auch fast nicht tun. Zum Lesen schaukelte der Container für meinen Magen zu stark, und zum Unterhalten waren wir alle nach der Vorbereitung zu erschöpft.

Gegen Abend kamen wir bei schlechter Sicht und starker Drift an unserem ersten Ziel an, der Außenstation, die sich auf dem Halvarryggen befindet. Diese Station wird auf Neumayer der »Watzmann« genannt.

Dort befindet sich die Elektronik der Datenerfassung in einem Zwanzig-Fuß-Container, der alle zwei Jahre auf einen Schneehaufen gestellt wird, damit er nicht versinkt. Die Seismometer sind wie am OBS im Schnee vergraben. Diese Station ist die größere unserer Außenstationen, sie besteht nicht nur aus einem Drei-Komponenten-Seismometer (Seismometer, das die Nord-Süd-, die Ost-West- und die vertikalen Ausschläge einer Erdbebenwelle aufzeichnen kann), sondern um dieses Zentralseismometer befindet sich ein Array von fünfzehn Seismometern, die nur die Vertikalkomponente einer ankommenden Erdbebenwelle festhalten. Die Seismometer sind ringförmig über eine Fläche von etwa zwei Kilometer Radius verteilt. Wie bei der Infraschallanlage auch, ist es durch dieses Array möglich, die Richtung einer ankommenden Welle – in diesem Fall einer seismischen Welle – zu bestimmen. Diese Richtungsbestimmungen sind für unsere tägliche Arbeit sehr wichtig, da wir dadurch detektierte Wellen besser international gemeldeten Beben zuordnen können.

Nachdem der Pistenbully abgekoppelt war, wurde zunächst kurz die Lage sondiert. Vor allem der Container wurde in Augenschein genommen: In ihm befindet sich neben der Elektronik auch ein Stockbett, weswegen wir nur eines der Zelte aufbauen mussten, was bei dem schlechten Wetter nicht gerade einfach war.

Außerdem bauten wir die sogenannte Villa auf: Dieses sehr wichtige Zubehör war schon einige Überwinterungen vor uns konstruiert worden und bestand aus drei jeweils etwa 1 mal 1,50 Meter großen, massiven Brettern, die zu einem Verschlag zusammengeschraubt waren. In der Mitte – und somit vor allen Blicken geschützt – befand sich in Sitzhöhe ein Brett mit Loch, über dem eine schöne hölzerne Klobrille mit Klodeckel befestigt war, daneben an der Wand ein herkömmlicher Toilettenpapierhalter. Als »Besetzt«-Zeichen diente eine an der rechten Außenwand befestigte kleine, liebevoll bemalte hölzerne Fahne, die man bei der Benutzung der Toilette nach oben klappte, und jeder wusste Bescheid.

Auch wenn es nach europäischen Maßstäben nicht wirklich luxuriös war, so bedeutete es in meinen Augen doch mindestens eine Verdreifachung der Lebensqualität während dieser Reise. Denn nachdem wir bei einer kurzen Pause während der Fahrt bei Drift und starkem Wind die Villa nicht aufgebaut hatten, ich somit ihre Vorzüge nicht nutzen konnte und der Begriff Unterbodenwäsche für mich noch eine weitere Bedeutung bekam, war es nun, als befände ich mich in der Toilette eines Fünfsternehotels.

Als alles für die Nacht bereit war, aßen wir noch etwas, was bei den beengten Verhältnissen fast schon eine akrobatische Leistung war. Ich schlief erstaunlich gut, trotz der vier weiteren Leute im Container.

Am nächsten Tag war das große Warten angesagt: Die Drift war immer noch so stark, dass wir den gesamten Vormittag nicht arbeiten konnten. Dafür waren am Nachmittag, als die Drift nachließ, alle umso arbeitswütiger, und es wurde bis tief in die Nacht hinein draußen gegraben – bis kurz vor Mitternacht sogar noch der Antennenmast fiel. Dieser Mast wird nur alle zwei Jahre hochgesetzt und war ziemlich tief eingeschneit. Vor allem im unteren Teil des Mastes hatten sich dicke Eisschichten gebildet, und es war ein schwerer Kampf, seinen Fuß freizulegen, der schon fast drei Meter hoch mit Schnee bedeckt war.

Am nächsten Tag wurden die Hochsetzarbeiten an der Station abgeschlossen, der Mast mit Hilfe des Kranbullys neu aufgestellt, die Antennen gegen Neumayer ausgerichtet, die Elektronik und die Solarakkus noch einmal überprüft und anschließend alles wieder wetterfest verschlossen. Das bedeutet, dass die Türen des Containers ordentlich mit Alu-Tape zugeklebt werden mussten, da der feine Driftschnee sonst durch die kleinsten Ritzen kriechen und nach und nach den gesamten Container füllen würde.

Anschließend wurden die Schlitten wieder bepackt, alles reisefertig festgezurrt, und wir machten uns auf den etwa 100 Kilometer langen Weg zur nächsten Außenstation.

Leider mussten wir diese zweite Reiseetappe nachts zurücklegen, da wir bei den täglichen Gesprächen mit Neumayer über Funk den Rat bekommen hatten, die Arbeit möglichst schnell zu beenden, da sich noch weitere kleine Tiefs im Anmarsch befanden. Zwar keine schweren Stürme, aber doch stark genug, um Arbeiten draußen unmöglich zu machen.

Jeder von uns war unterwegs mal als Fahrer an der Reihe, dabei saß zur Unterhaltung immer noch jemand neben ihm oder ihr, um ein Einschlafen zu verhindern. Unser Betreuer und ich übernahmen die Null-bis-drei-Uhr-Schicht, schnappten uns jeder ein paar Bifi und eine Dose Bier und kletterten aus dem Container in die dagegen richtig weitläufige Fahrerkabine des Pistenbullys. Weil die Sonne nicht unterging, war ich, kaum waren wir aus dem stickigen Wohncontainer ausgestiegen, wieder hellwach. Während der Fahrt hatte ich nicht viel tun, der Bully fuhr mit Tempomat, und ich musste nur ab und zu die Richtung korrigieren, wenn ich zu sehr von dem auf dem GPS angegebenen Kurs abgewichen war.

Die Strecke war mit Bambusflaggen markiert, die allerdings durch den Wind ausgefranst und teilweise mit so viel Schnee bedeckt waren, dass nur noch ihre Köpfchen über die Schneeoberfläche ragten. Für die Augen gab es am scheinbar unendlichen Horizont keinerlei Anhaltspunkt, und es stellte sich als ziemlich schwierig heraus, nur nach dem GPS-Gerät geradeaus zu fahren. Beim Blick in den Rückspiegel musste ich lachen, da ich nicht etwa eine gerade Spur, sondern Schlangenlinien hinter mir sah, als hätte ich außer meiner einen Dose Bier auch noch eine Flasche Schnaps getrunken.

Zum Glück gab es wenigstens eine kleine Wolke am Horizont, die ich dann als grobe Richtung anpeilte – an den Schlangenlinien änderte das trotzdem kaum etwas.

Das vorhergesagte schlechte Wetter traf zum Glück nicht ein, und so konnten wir am nächsten und übernächsten Tag die zweite Station hochsetzen. Dort waren die Grabungen etwas aufwendiger, da der Schneezutrag auf dem »Olymp«, wie dieser Berg genannt wird, zwischen 1,5 und 2,5 Metern pro Jahr liegt. An dieser Station gibt es keinen oberirdischen Container, sondern neben dem Seismometer liegt auch die gesamte Elektronik der Datenerfassung unter Schnee.

Noch ein paar Worte zu dem Begriff Berg: In der Region der Antarktis, in der die Neumayer-Station liegt, sind alle Berge – vielleicht wäre es treffender, sie als Erhebungen zu bezeichnen – mit einer dicken Schicht Schnee bedeckt, an keiner Stelle ist Fels oder Gestein zu sehen. Wüsste man durch die vorangegangene Steigung und das Schnaufen des Pistenbullys nicht, dass man sich auf dem »Berg« etwa 500 Meter höher über der Meeresoberfläche befindet als an der Station, würde man es schlicht nicht merken. Genau wie in der Umgebung der Station, steht man auf einer unendlich weiten weißen Schneefläche. Bei guter Sicht kann man diese »Berge« von der Neumayer-Station aus erspähen, man erkennt allerdings nur eine leichte Wölbung der Schneeoberfläche am Horizont. Diese Berge sind also nicht vergleichbar mit den Alpen oder anderen »herkömmlichen« Gebirgszügen.

Am 21. Dezember, also kurz vor Weihnachten, waren alle Arbeiten erledigt, und wir feierten den erfolgreichen Abschluss der Wartungsarbeiten mit einem kleinen Grillfest neben unserem Bullyzug.

Es wurde ein sehr schöner Abend, und auch wenn die Traverse trotz aller Widrigkeiten eine positive Erfahrung gewesen war,

war ich doch froh, am nächsten Tag wieder zur Station zurückzukommen. Vor allem da es nicht sicher gewesen war, ob wir Weihnachten schon wieder zurück sein würden – hätte uns das Wetter einen Strich durch die Rechnung gemacht, hätten wir den Weihnachtsabend fern vom Rest unserer Überwinterungsmannschaft in dem kleinen muffigen Wohncontainer verbringen müssen – nicht gerade das, was ich mir unter einem gemütlichen Weihnachtsfest vorstellte.

Am Morgen des 22. begaben wir uns auf die wiederum zwölf Stunden dauernde Rückfahrt. Da das Wetter jetzt sehr gut war, saßen wir zu mehreren auf dem Dach des Wohncontainers und genossen die Sonne. Ich freute mich richtig, als ich endlich die Lüftungsrohre und die Treppentürme der Station erspähen konnte, und hatte wirklich das Gefühl, nach Hause zu kommen.

Als wir an der Station ankamen, kamen auch schon die ersten der »Zurückgelassenen« an die Schneeoberfläche, um uns zu begrüßen.

6

Weiße Weihnacht

Kaum waren die Schlitten wieder ausgepackt, stand der Heilige Abend vor der Tür. Mein erstes Weihnachten am anderen Ende der Welt – und zugleich auch das erste Mal weit weg von Familie und Freunden. Ich blickte dem Abend mit eher gemischten Gefühlen entgegen: Aber es war nicht viel Zeit für Sentimentalitäten, da auf der Neumayer-Station eigentlich keine Feiertage existierten: Egal welches Fest gerade anstand, als Erstes wurde die tägliche Arbeit erledigt, und wenn dann noch Zeit blieb, wurde gefeiert. Und das galt natürlich nicht nur im Bereich der Wissenschaft, sondern auch für die Techniker, den Koch, die Logistiker und den Arzt.

Ein Teil von mir war sehr traurig, nicht zu Hause zu sein. Jede Familie hat ihre eigenen Rituale, Bräuche und Traditionen an Weihnachten, die schon immer so waren und wahrscheinlich auch immer so bleiben werden, und genau diese fehlten mir sehr.

Am Nachmittag waren Mirko und Charly dabei, den Christbaum in der Messe aufzustellen, und ich fragte sie, ob ich das Schmücken dieses zwar nicht sehr schönen, aber doch funktionalen und einigermaßen baumförmigen grünen Plastikgestrüpps übernehmen könnte. Zu meinem Erstaunen drängte sich sonst niemand danach, und so machte ich mich Weihnachtslieder summend daran, Lichterketten, Glaskugeln und anderen Schmuck an den Baum zu hängen, und kam dadurch wenigstens ein bisschen in weihnachtliche Stimmung.

Nach dem Abendessen versammelten sich alle in der Werkstatt, wo uns von Mike und seiner Vorgängerin liebevoll bestückte Weihnachtsteller überreicht wurden: Vom Schokoladen-Nikolaus über Lebkuchen und Marzipanbrot bis hin zur frischen Mandarine war alles dabei!

Nach dieser ersten kleinen Bescherung traf ich mich mit Claudia und Karin in der Messe – wir drei hatten beschlossen, es uns nicht nehmen zu lassen, unsere von zu Hause mitgebrachten Geschenke unter dem Weihnachtsbaum zu öffnen. Ich kam mir zunächst noch ein bisschen komisch vor, als wir – von den anderen ungefähr dreißig Leuten in der Messe beäugt – unsere Päckchen unter dem Baum verteilten und anschließend schön diszipliniert immer abwechselnd eins öffneten, die Geschenke der anderen bestaunten und so unsere eigene kleine Bescherung feierten. Eben fast wie zu Hause.

Der erste Weihnachtsfeiertag, zwar zunächst ein Arbeitstag wie jeder andere, brachte uns ein großes viergängiges Menü am Abend. Die Küche zeigte ihr Können, und das Abendessen lief in einem sehr feierlichen Rahmen ab: Normalerweise wurde das Essen von den Köchen an der Durchreiche ausgegeben, oder es gab Selbstbedienung am Buffet.

An diesem Abend aber war auf festlichen Tischdecken für jeden gedeckt. Aus Platzgründen mussten wir in zwei Gruppen essen, und so fanden sich immer einige, die noch warteten oder schon gegessen hatten und deshalb den Tellerservice und die Bedienung übernehmen konnten. Ich war in der ersten Gruppe und wirklich erstaunt, wie feierlich die Stimmung auch in einer Röhre zwölf Meter tief unter dem Eis sein kann, wenn man sich ein bisschen Mühe gibt.

Den krönenden Abschluss der Weihnachtsfeiertage bildete ein Grillfest in der Werkstatt. Der Grill bestand aus einem längs durchgetrennten 100-Liter-Ölfass, das an einem Gestell aufgehängt war. In diese Wanne wurde Kohle gefüllt und anschließend ein Rost darübergehängt.

Diese abenteuerliche Konstruktion wurde vor der Werkstatt unterhalb der Ostrampe aufgestellt, und es fanden sich genug grillwütige Männer, die sich um das Fleisch kümmerten.

In der Werkstatt selbst waren Bierbänke aufgestellt und ein Salat- und Getränkebuffet auf der Werkbank hergerichtet worden.

Nach dem Essen wurde die Stimmung immer ausgelassener, und es wurde getanzt, getrunken und viel gelacht – ein wirklich gelungener Abschluss der weißesten Weihnacht, die ich je gefeiert habe.

7

Wissenschaftliche Erkenntnisse

Die Zeit bis Silvester verging wie im Flug, die übrigen monatlichen Routinen wurden besprochen und übergeben, und
Chris und ich übernahmen auch das Gebiet der Geomagnetik.

An der Station werden mehrere Magnetometer betrieben, die das
Magnetfeld der Erde kontinuierlich erfassen.
Hierbei wird zwischen Protonenpräzessionsmagnetometern, die
die Totalintensität des Magnetfelds mit einer Taktrate zwischen
einem und zehn Hertz messen, und kardanisch aufgehängten
Fluxgate-Magnetometern, die die Totalintensität und die drei
Komponenten (Nord-Süd, Ost-West und Z-(Vertikal)-Kompo-
nente) des Magnetfelds messen, unterschieden.

Die Fluxgate-Magnetometer können nur relative Messungen
durchführen, deswegen muss alle zwei bis drei Tage zusätzlich
von Hand eine Deklinations- und Inklinationsmessung gemacht
werden. Bei dieser sogenannten DI-Messung wird mittels eines
Fluxgate-Sensors, der sich drehbar auf dem Theodolithen befindet, bestimmt, in welchem Winkel die Magnetfeldlinien zur Erdoberfläche stehen. Im Bereich der Pole ist dies sehr viel steiler,
als es in der Äquatorebene der Fall ist, da ähnlich wie bei einem
Stabmagneten auch bei der Erde die Magnetfeldlinien bei den Polen senkrecht auf der Erdoberfläche stehen.

Diese Messungen sind notwendig, um Langzeitvariationen
des Magnetfelds zu bestimmen, die gerade an den Polen stärker

und somit auch besser erfassbar sind. Hierbei ist eine langsame Abnahme des Erdmagnetfelds zu erkennen. Außerdem ist man an den Variationen des Magnetfelds in Abhängigkeit von Tages- und Jahreszeiten und der Sonnenaktivität interessiert. Wie bei fast allen Forschungsbereichen auf Neumayer handelt es sich um eine Langzeitdatenerfassung von globalen Phänomenen, und wie bei der Seismologie auch, ist hierbei die Engmaschigkeit des Erfassungsnetzes von Bedeutung.

Die Messung selbst ist nicht schwierig und dauert nur etwa eine halbe Stunde, allerdings ist der Ort, an dem die Messung durchgeführt wird, etwas speziell:

Das Magnetik-Observatorium (kurz Magobs) befindet sich ungefähr einen Kilometer von der Station entfernt.

Tritt man aus den Treppentürmen der Station, sieht man als Erstes die zu den verschiedenen Observatorien führenden Lauf-leinen. Nur etwa 300 Meter südwestlich der Station befindet sich die sogenannte Ballonfüllhalle, in der die Meteorologin täglich Ballonaufstiege durchführt. Dieser Container steht wie alle Bauten außerhalb der Station auf Stahlstelzen und muss einmal im Jahr höhergesetzt werden.

Genau in Richtung Süden, etwa 800 Meter von der Station entfernt, liegt der Geophysik-Container (IS-Container genannt). In diesem Container befindet sich die Elektronik der Geoma-gnetik und des neben dem Container befindlichen Seismometers. Außerdem ist dort die gesamte Erfassung der Infraschalldaten untergebracht. Die erfassten Daten werden via Glasfaser in die Station übertragen, und in unserem Büro laufen alle Datenströme aus den verschiedenen Bereichen der Geophysik zusammen.

Weiter südlich, in etwa 1,5 Kilometer Entfernung von der Station, befindet sich das Spurenstoffobservatorium (Spuso). Der relativ große Abstand zur Station ist notwendig, damit die genommenen Luftproben nicht von den Abgasen der Station und der Fahrzeuge verschmutzt werden.

Wenn eine mit einer DI-Messungen an der Reihe war, machte ich mich auf den Weg zum IS-Container. Je nach Wetter und der Beschaffenheit des Schnees brauchte ich für diese Strecke zwischen zehn Minuten und einer halben Stunde. Im Container legte ich einen Klettergurt an. Das Magobs befindet sich noch weiter etwa 200 Meter südwestlich von dem Container, und auch diese Strecke ist mit einer Handlaufleine gesichert.

Nähert man sich von außen dem Observatorium, so gleicht das, was davon zu sehen ist, einer etwa 1,5 Meter hohen und breiten Holzkiste, deren Deckel aufgeklappt werden kann und an der eine Leiter lehnt. Das eigentliche Observatorium kann nur durch diesen engen Schacht über mehrere Leitern erreicht werden. Besonders am Anfang war das für mich, weil ich nicht schwindelfrei bin, eine echte Herausforderung: Ich kletterte die außen am Schacht lehnende Leiter hinauf und setzte mich nach dem Öffnen des Deckels rittlings auf die Schachtwand. Im Inneren des Schachts waren Laufkatzen angebracht, und wir hatten es uns für unsere Sicherheit angewöhnt, immer einen Klettergurt zu tragen. Ich hängte mich als Erstes an die Laufkatze an, bevor es dann die vielen Leitern nach unten ins Observatorium ging.

Die Leitern waren durch die Bewegung des Eises teilweise verschoben und nicht mehr sehr vertrauenerweckend an den deformierten Schachtwänden befestigt. Ein Sturz in diesem engen Schacht hätte gerade während des antarktischen Winters, wo es keine Möglichkeit gäbe, einen Verletzten auszufliegen, fatale Folgen gehabt.

Unten angekommen, befand ich mich in einer etwa fünf Meter hohen und etwa fünfundzwanzig Quadratmeter großen Eishöhle, in deren Mitte ein Holzcontainer etwa in der Größe eines Zwanzig-Fuß-Containers mit den Messgeräten steht: das Magobs.

Anders als die Station, wurde das Observatorium 1992 schon unterirdisch und über einen Schacht zu erreichen gebaut. Dies war notwendig, um Störungen der Messungen durch äußere Einflüsse wie z. B. Wind oder aber auch magnetische Störungen durch andere Aufbauten zu minimieren. Im Laufe der Jahre wurde das Observatorium immer weiter zugedeckt und befindet sich im Moment etwa fünfzehn Meter unter der Schneeoberfläche.

Damit der Container nicht einschmilzt oder die Konstruktion instabil wird, konnte dieser Raum leider nur auf Minusgrade geheizt werden. Dies geschah durch vier Glühbirnen, die die Temperatur im Inneren konstant auf etwa minus zwei Grad halten.

Die in dem Container befindlichen Messgeräte sind exakt ausgerichtet und empfindlich gegen Erschütterungen, weswegen man sich nur vorsichtig darin bewegen kann. Während der DI-Messung durfte man keine magnetischen Teile an sich tragen – ein MP3-Player, eine Kamera und selbst die Stahlkappen unserer Arbeitsstiefel würden das Magnetfeld zu stark stören.

Unten angekommen, funkte ich immer zuerst die Station an – die Wahrscheinlichkeit, dass etwas passierte, war zwar recht gering, aber wir hatten uns diese zusätzlichen Sicherheitsfunksprüche angewöhnt, da so immer jemand an der Station wusste, wo man war. Im Falle eines Unfalls oder einer nicht erfolgten Meldung über Funk wäre sofort ein Suchtrupp mobilisiert worden.

Die Messung dauerte etwa zwanzig bis vierzig Minuten, und erforderte etwas Geduld. Ich erinnere mich noch gut an eines der ersten Male, als ich allein Messungen durchführte und die Messwerte sehr seltsam waren. Bis ich nach ungefähr zwanzig Minuten verzweifelter Fehlersuche feststellte, dass ich vergessen hatte, das Funkgerät auszuschalten. Also alles wieder von vorn.

Nach der Messung ging es die Leitern wieder hinauf, ein wirklich schweißtreibender Aufstieg. Anfangs musste ich teilweise sogar anhalten und verschnaufen, da ich es nicht gewöhnt war, größere Strecken kletternd zurückzulegen, aber im Laufe der Überwinterung bewegte ich mich immer schneller und geschickter in dem engen Schacht.

Fachlich gesehen waren wir Neuüberwinterer Anfang bis Mitte Januar in allen Bereichen gut genug vorbereitet, um die Station zu übernehmen.

Auch wenn mir die Arbeit Spaß machte, waren die ersten Wochen und Monate sehr anstrengend, und ich kam kaum zur Ruhe. Hinzu kam, dass ich kein eigenes Reich hatte, in das ich mich hätte zurückziehen können. Im Büro waren wir zu der Zeit zu fünft, und das Zimmer war für mich auch kein richtiges Refugium: Zwar hätte ich dort Platz gehabt, meinen Laptop auszupacken und mich hinzusetzen, aber die Wände waren nackt und kalt, und das Zimmer vermittelte eher den Eindruck einer Ausnüchterungszelle als den eines Ortes, den man gerne aufsucht, um zur Ruhe zu kommen. Ich verstand mich zwar mit Chris sehr gut, aber es war eben nicht mein Zimmer, sondern eigentlich nur unser beider Schlafort, und bis auf wenige Ausnahmen habe ich die gesamte Zeit, die ich während des Sommers in unserem Zimmer war, schlafend verbracht.

Ein absoluter Höhepunkt während dieser anstrengenden Zeit zu Beginn war ein Gruppenausflug zur Pinguinkolonie. Seit unserer Ankunft auf Neumayer war diese Tour das erste Mal, dass unsere Überwinterungsmannschaft vollständig und vor allem allein unterwegs war. Charly und René hatten einen Pistenbully mit Kabine organisiert. Zwei saßen vorne und die restlichen sieben, auch ich, hinten in der Kabine, und schon während der Hinfahrt wurde unheimlich viel geredet, wir hatten alle ein Austauschdefizit.

Chris und ich hatten den Vorteil gehabt, dass wir durch die enge Zusammenarbeit viele Möglichkeiten hatten, uns über unsere Eindrücke auszutauschen, aber das Gespräch mit den anderen Teammitgliedern hatte ich trotzdem sehr vermisst.

Am Ziel angekommen, setzten wir uns auf die Schelfeiskante mit Blick auf die Pinguinkolonie, wir hatten Rotwein und Bier mitgenommen, und es war sehr interessant zu hören, wie es den anderen während der Einarbeitung ergangen war, wie sie mit ihren Vorgängern zurechtgekommen und welche Probleme aufgetreten waren.

Den Höhepunkt erreichte der Abend, als Mike und ich auf die Idee kamen, dass wir doch die vom Wind an die Schelfeiskante angewehte Schneerampe herunterrollen könnten, so wie jeder von uns es früher auf abschüssigen Wiesen getan hatte. Die anderen eiferten uns bald nach, und ich war einfach nur glücklich, als wir alle unter großem Gelächter dort herumkugelten. Eigentlich sehr albern und kindisch, aber mir bereitete es ein unsagbares Vergnügen, dass wir als Gruppe so einen Spaß zusammen haben konnten, und ich freute mich umso mehr auf die Zeit, die wir allein verbringen würden.

Die Pinguine bekamen an diesem Abend von mir nicht viel Beachtung – ich war viel zu sehr mit meinen Mitüberwinterern beschäftigt.

Und die Zeit der eigentlichen Überwinterung rückte langsam, aber sicher immer näher: Nach der Übergabe der einzelnen Fachbereiche, die meist mit einem kleinen Fest begangen wurde, war der Höhepunkt die offizielle Stationsübergabe Mitte Januar 2007: ein Akt, bei dem wir mit unseren Unterschriften unsere Vorgän-

ger aus ihrer Verantwortung für die Station entließen und selbst versicherten, nach bestem Wissen und Gewissen unsere Aufgaben zu erfüllen und den Stationsbetrieb zu gewährleisten. Unsere Vorgänger bekamen Medaillen überreicht, und anschließend wurden wir Neuen immer zu zweit nach vorn an den feierlich hergerichteten Stehtisch (bestehend aus drei aufeinandergestapelten Zargeskisten) gerufen, wo jeder von uns unterschreiben musste.

Jetzt war es also so weit, wir waren verantwortlich für die Neumayer-Station. Eigentlich änderte sich außer auf dem Papier nicht viel für uns. Wir waren in allen Bereichen schon gut genug eingearbeitet und hatten auch schon den Großteil der Stationsaufgaben übernommen, so dass, bis auf die Tatsache, dass wir nun auch die »Feuerwehr« der Station waren, alles beim Alten blieb.

Nachdem der offizielle Teil vorbei war, ging es fließend in den gemütlichen über, und erst tief in der Nacht gingen an diesem Abend die Lichter in der Werkstatt aus.

8

Ein Unfall

Wie auch an allen anderen Orten auf der Welt, ist man in der Antarktis vor Unglücken und Unfällen nicht gefeit, auch wenn es mir am Anfang während der Sommersaison fast so vorkam.

Die ersten Wochen verlebte ich vollkommen unbeschwert, die Arbeit, die Umgebung, das Feiern, das Zusammensein mit so vielen unterschiedlichen Menschen. Die räumliche Entfernung von Problemen oder Dingen, die mich zu Hause bedrückt hatten, schien mir auch zu einer inneren Distanz zu verhelfen. Natürlich verlief die Übergabe zwischen Neu- und Altüberwinterern oft nicht konfliktfrei, aber das waren keine Probleme, die mich sehr berührten. Ich fühlte mich stark und hatte das Gefühl, als könne mir nichts zustoßen.

Dieser verträumte Zustand sollte sich jedoch auf einen Schlag ändern.

Im Januar verbrachten Mirko und ich sehr viel Zeit im IS-Container, da es Schwierigkeiten mit der Glasfaserleitung nach Neumayer gab.

An einem normalen Nachmittag, an dem wir mit Unterstützung unseres Betreuers über Funk versuchten, den Problemen auf den Grund zu gehen, herrschte auf einmal Funkstille. Kurze Zeit später kam die Meldung, dass etwas passiert sei.

Wir schauten uns erschrocken an, und ich merkte, dass mein Puls schneller wurde.

Zu der Zeit wurde in der Nähe der Station eine Versuchsbaugrube für den Bau der Neumayer-III-Station ausgehoben, und wir sahen von der Plattform des Containers aus, wie Skidoos in diese Richtung rasten.

Wir rätselten beide, was der Grund dafür sei, was denn passiert wäre, und wir versuchten uns zu beruhigen, vielleicht nur ein kleinerer Unfall? Ein gebrochener Finger oder etwas in der Art? Man musste ja nicht direkt das Schlimmste annehmen.

Nach etwa fünf Minuten kam ein weiterer Funkspruch, wir sollten die Arbeit unterbrechen und zurück zur Station kommen. Auf dem Weg zurück drehten sich meine Gedanken nur darum, was und vor allem wem etwas passiert war? Zu der Zeit waren nur Leute auf der Station, die wir gut kannten und mit denen wir schon lange dort zusammenlebten.

An der Station herrschte bei unserer Ankunft schon große Aufregung – ein Mitglied des Dokumentarfilmteams war von einem Pistenbully überrollt worden. Die ganze Situation kam mit absolut unwirklich vor. Hier bei uns, ein so schwerer Unfall?

Hektisch wurde im OP das Krankenbett aufgestellt, und kurz darauf der Verletzte auf einer Trage in die Röhre gebracht und behandelt.

Die Stimmung war auf dem absoluten Tiefpunkt angelangt. Der Verletzte lag quasi bei uns zu Hause, neben dem Bad, in der Röhre, in der sich die gesamten Aufenthaltsräume befinden. Ich war einfach nicht in der Lage, Distanz dazu zu finden, und ich hatte den Eindruck, dass es den anderen ähnlich ging.

Im Raucherraum herrschte düstere Stimmung, und obwohl der Raum vollbesetzt war, hätte man doch eine Stecknadel fallen hören können. Alle waren wie unter Schock und nicht in der Lage zu sprechen – was hätte man denn auch sagen sollen?

Der Verletzte schwebte in Lebensgefahr, und es musste sehr

schnell gehandelt werden. An Neumayer gibt es zwar Geräte, mit denen man eine Notfallversorgung verschiedenster Art machen kann; trotzdem war es sehr schwierig, den Schwerverletzten angemessen zu behandeln.

Die Zahnräder der internationalen Zusammenarbeit griffen schnell ineinander, und schon am übernächsten Tag konnte der Verletzte mit einem Hubschrauber über die südafrikanische Station Sanae zur norwegischen Station Troll geflogen werden. Von dort aus wurde er mit einem gemieteten Privatjet weiter nach Kapstadt gebracht, wo er sofort in die Intensivstation des Krankenhauses eingewiesen wurde.

Die Stimmung an der Station blieb noch einige Zeit sehr schlecht, da wir um das Leben des Patienten bangen mussten. Die Berichte aus Kapstadt über seinen Gesundheitszustand wurden immer am schwarzen Brett ausgehängt, so dass alle informiert waren und keine Gerüchte aufkamen. Erst nach ungefähr zwei Wochen war er außer Lebensgefahr.

Die Zeit nach dem Unfall war mit die schwierigste, die ich während meines gesamten Aufenthalts erlebt habe. Ich persönlich hatte die Eindrücke des Unfalls relativ schnell und gut verwunden – wohl auch, weil ich im Vorfeld nicht so engen Kontakt zu den Leuten vom Filmteam hatte. Anderen ging der Unfall für längere Zeit sehr nahe, und das wirkte sich natürlich negativ auf die Gesamtstimmung aus.

Ich hatte das Gefühl, alle Fröhlichkeit und Unbeschwertheit sei aus den zwei Röhren gewichen. In dieser Zeit fiel mir auch das erste Mal auf, wie unfreundlich die Station eigentlich war. Das Grau der gewellten Stahlröhren, die Gitterroste außerhalb der Container, die Gitterrosttreppe die Türme hinauf, das Dunkelbraun der Turmwände, die beige-gelblich verfärbten Plastikwände der Container, das hässliche Hellbraun der Schränke in den Zimmern, und alles beleuchtet von kaltem Neonlicht. Als ich vergnügt war, hatte ich das nicht wahrgenommen, und auch während des ganzen folgenden Winters gab es nur wenige Augenblicke, in denen ich die Station so nüchtern und emotionslos sah. Sonst war sie immer mein Zuhause – und damit schon per Definition schön!

Natürlich entschädigte der Blick auf die Eisberge, wenn man nach draußen ging, für die Kargheit der Station, allerdings war mein Lebensmittelpunkt nun einmal dort, wo ich mehr Zeit verbrachte – unter dem Eis.

Wenn man glücklich war, konnte man am hässlichsten Ort der Welt sein und ihm die fehlenden Farben zurückgeben, aber war man unglücklich, so drückte eine düstere Umgebung die Stimmung noch weiter.

Langsam, sehr langsam wurde die Stimmung insgesamt wieder besser. Ich erinnere mich noch sehr genau, wie ich mich geschämt habe, als ich das erste Mal nach dem Unfall wieder laut lachte. Ich saß mit einem Kollegen im Raucherraum, und wir unterhielten uns. Ich weiß nicht mehr, worum es ging, aber aus irgendeinem Grund musste ich laut auflachen. Kaum war dieses Lachen meinem Mund entflohen, schoss mir schon die Schamröte ins Gesicht, und ich sah vor meinem inneren Auge dieses Lachen aus dem Raucherraum biegen und wie ein Donner durch die ganze Station rollen – in die Messe, in die Büros, in die Zimmer und überallhin, und alle würden es hören: Nora hat gelacht.

In diesem Augenblick wurde mir klar, dass es trotz allem weitergehen musste. Es musste wieder gelacht und normal geredet werden. Was passiert war, war schrecklich, aber wir mussten hier noch dreizehn Monate leben und das Beste daraus machen.

9

Ein Abschied

Nach und nach wurde es nun leerer in der Station. Erst reisten unsere Vorgänger ab. Einige von ihnen waren durch den Unfall noch labil, und die Abreise von der Station – einem doch sehr speziellen Zuhause – fiel ihnen extrem schwer. Bei anderen hatte ich den Eindruck, dass es für sie nichts Schöneres auf der Welt gäbe, als endlich hier wegzukommen. Als ich mir das so betrachtete, fragte ich mich, wie ich wohl in einem Jahr von der Station Abschied nehmen würde: Würde ich mich mehr freuen, nach Hause zu kommen, oder eher traurig sein, die Antarktis zu verlassen?

Mitte Februar legte noch ein letztes Mal die »Polarstern« an der Schelfeiskante an, um den Proviant zu löschen. Helikopter flogen hin und her, die Station wurde für einen Tag noch einmal richtig voll – die auf der »Polarstern« forschenden Wissenschaftler halfen beim Einstauen der Lebensmittel und nutzten natürlich die Gelegenheit, die Station zu besichtigen.

Mit den Pistenbullys wurden die Proviantcontainer zur Station gezogen und der Inhalt in die schon erwähnten vier Nahrungsreefer verstaut. Das bedeutete viel Arbeit für alle: die leeren Container mussten zurück auf das Schiff, wurden also an der Schneeoberfläche entleert und der Inhalt Bullymulde für Bullymulde nach unten gebracht. Die einzelnen Pakete – gefrorenes Fleisch, Käse, Wurst, Konserven und vieles mehr – wurden dann mit Hilfe eines altmodischen Fließbands (also einer Menschenkette) in Richtung Reefer transportiert und von Mike eingestaut.

Auch ich war ein Glied in der Kette und musste bei dem Gedanken daran schmunzeln, dass die gesamte Nahrungspalette für die folgenden neun Monate an diesem Nachmittag schon durch unsere Hände gewandert war.

Am Abend machten wir uns mit vom Stauen noch schmerzenden Armen auf den Weg zur Schelfeiskante, an der die »Polarstern« lag. Traditionsgemäß und in Anlehnung an die Zeit, als die letzten Gäste mit der »Polarstern« die Station verließen, gab es an diesem Abend einen Glühweinumtrunk vor dem Schiff.

Nach etwa zwei Stunden, als die Glühweinvorräte zu Ende gingen und es langsam empfindlich kalt wurde, war es dann so weit: Die »Polarstern« legte ab. An der Reling standen die Passagiere und winkten, aus den Bordlautsprechern dröhnte verzerrt Andrea Bocelli »Time to say Goodbye«, und die »Polarstern« bahnte sich ihren Weg durch die Meereisschollen.

Das Ganze vor der Kulisse der Eisberge und einem rosa gefärbten Himmel – dieser Überschuss an Kitsch erstickte leider fast jedes Gefühl in mir.

Andere, wenn auch weniger filmreife Abschiede berührten mich dafür umso mehr: Während der Sommersaison hatten wir viele nette und interessante Menschen kennengelernt, hatten mit ihnen hier in der »Neumayer-WG« gelebt, gearbeitet, gelacht, gefeiert, gestritten und getrauert.

Was mich an dem Leben im Eis während der Sommersaison faszinierte, und was ich sonst noch nicht kennengelernt hatte, war, dass völlig unabhängig von persönlichem oder beruflichem

Hintergrund, Bildungsniveau, Alter oder Geschlecht hier zeitweise fast fünfzig Personen zusammenlebten, ohne dass es zu Überheblichkeiten oder Diskriminierungen kam. So unterhielt ich mich gleichermaßen mit Bauarbeitern, Piloten, Logistikern oder angesehenen Wissenschaftlern, und was zählte, war nur der Mensch.

Alle waren gleich, jeder musste seinen Putzdienst machen, das Bad oder die Toilette schrubben, die Schneeschmelze befüllen und in der Küche helfen. Jeder hatte seine Pflichten und Rechte, egal ob Professor oder Bauarbeiter.

Ich wusste, dass es sich bei den Leuten hier um einen bunt zusammengewürfelten Haufen Menschen handelte, der in dieser Konstellation nie wieder zusammenkommen würde. Und diese Endgültigkeit war das, was mir den Abschied von der Sommersaison so schwer machte.

Immer wieder an der Flugbahn stehen und winken und wissen, dass man diese Menschen erst in frühestens neun Monaten wiedersehen wird. Oder vielleicht später? Oder vielleicht nie mehr? So viele verschiedene Leute, die über die Antarktis verbunden waren, aber deren Alltag eigentlich keine Überschneidungspunkte hatte.

Am 16. Februar war es dann so weit: der letzte Abend »in Gesellschaft«. Es waren zu dem Zeitpunkt nur noch weniger als zwanzig Personen an der Station: vier Sommergäste und die Flugcrew, die den letzten Flug machen würde. Wir hatten einen griechischen Abend geplant, und Mike hatte einen dicken Gyrosspieß, Weißbrot und Salate vorbereitet. Nach dem Essen wurde getanzt und gesungen bis tief in die Nacht hinein, und anders als bei den »besser besuchten« Festen im Sommer war die Stimmung sehr familiär.

Am nächsten Tag war es so weit, wir erreichten den Höhepunkt in einer Serie von Abschieden. Die letzten »Mitbewohner« verließen uns, und bis zur Ankunft des nächsten Fliegers würden neun Monate vergehen.

Es war kein schönes Wetter, die Sicht war schlecht, und ein unfreundlicher Wind blies. Wir machten uns auf den Weg nach oben, umarmten alle noch ein letztes Mal, und dann ging alles ganz schnell.

Die anderen stiegen ein, die Propeller fingen an, sich zu drehen, und das Flugzeug bewegte sich in Richtung Startbahn. Noch ein kurzer Augenblick, und schon entschwebte unsere letzte reale Verbindung zur Außenwelt.

Ich blickte in die Gesichter der acht Personen, die in den nächsten neun Monaten meine einzige Gesellschaft sein würden.

Jetzt waren wir allein, und das Abenteuer Überwinterung war nicht mehr nur eine Vorstellung, sondern es war Wirklichkeit geworden.

10

Überwintern – wirklich allein

Als der Flieger endgültig nicht mehr zu sehen war, machten wir neun uns auf den Weg zurück in die leere Station.

In der Messe stießen wir dann erst einmal auf unsere Überwinterung an. Das erste Mal, seit ich auf Neumayer angekommen war, saß ich auf dem Sofa. Als mir das bewusst wurde, grinste ich in mich hinein – jetzt war ich hier also wirklich zu Hause. Das war nicht mehr das Wohnzimmer, in dem sich die Sommergäste herumdrückten, sondern jetzt war das unser Wohnzimmer, unser Sofa, und vor allem unsere Station.

Ich denke, das ist der richtige Moment, meine acht Mitstreiter genauer vorzustellen. Dabei muss ich allerdings ein bisschen vorgreifen: In diesem frühen Stadium der Überwinterung wusste ich noch nicht so viel über sie wie zum jetzigen Zeitpunkt, wo wir fünfzehn gemeinsame Monate verbracht hatten. Wir absolvierten zwar schon die Vorbereitungszeit in Bremerhaven zusammen und hatten drei Monate zusammen auf Neumayer gelebt, jedoch – wie schon erwähnt – in der Sommersaison nur sehr wenig Gelegenheit zu intensiverem Kontakt gehabt. Die Gruppe wuchs erst während des Winters wirklich zusammen.

Für mich sind meine Mitüberwinterer eine Art Familie geworden, in der man jeden Einzelnen so respektiert, akzeptiert und gern hat, wie er ist, mit all seinen guten Eigenschaften, aber auch seinen Marotten.

Natürlich möchte man – wie eben in der Familie auch – manchmal dem ein oder anderen von ihnen den Hals umdrehen, aber ich denke, meinen Kollegen ist es da genauso gegangen wie mir: Ich möchte gar nicht wissen, wie oft die anderen mich hätten erwürgen können.

Charly, 52

Er hat die Zeit vor der Überwinterung in Berlin als Chirurg gearbeitet. Aus medizinischer Sicht war er sehr kompetent, und ich hatte ein gutes Gefühl dabei, für die Zeit der Isolation mein Leben in seine Hände zu legen. Außerdem war er für mich immer und bei jeder Art von Problemen ein Ansprechpartner, der sich alle Mühe gab, neutral zu bleiben und die Situation zu entschärfen. Eine seiner Eigenheiten war eine leichte Zerstreutheit, und immer wenn mal wieder jemand eine seiner Kaffeetassen hinter ihm hergeräumt hatte, linste er mit unschuldigen blauen Augen unter seinen grauen Haaren hervor: Wie? Ist das wirklich meine?

Charly war der Sportlichste von uns. In seinem Gepäck für die Über-

winterung befand sich sein Rennrad mit Laufrolle, auf dem er – wenn er nicht gerade auf dem stationseigenen Rudergerät trainierte – viele Stunden verbrachte, und er wurde nicht müde, uns zu ermuntern, auch ein bisschen (mehr) Sport zu treiben.

René, 36

Der stellvertretende Stationsleiter und Ingenieur kommt aus einem kleinen Dorf im Schwarzwald. Er hat vor seiner Antarktiszeit erst als Dieselspezialist weltweit sowohl an Land als auch auf Schiffen und danach als Systemingenieur in einem Atomkraftwerk in der Schweiz gearbeitet.

Er war immer bereit, einem bei der Lösung von technischen Problemen zur Hand zu gehen. Sein Aussehen – ein gemütlicher Typ mit langen Haaren – konnte täuschen. Ich war anfangs erstaunt darüber, was für ein zielstrebiger und willensstarker Mensch sich dahinter verbarg.

Er gab seine Meinung manchmal sehr bestimmt und lautstark zum Besten, was je nach Grundstimmung der Gruppe zu angeregten Diskussionen führen oder aber das Gespräch abrupt zu einem Ende bringen konnte.

Micha, 38

Der Elektriker ist ein echter Hamburger Jung. In der Hansestadt geboren und aufgewachsen, arbeitete er dort auch die Jahre zuvor als Elektriker. Er ist ein sehr angenehmer Arbeitskollege und ein sehr gewissenhafter, zuverlässiger und hilfsbereiter Mensch und auch derjenige, dessen Handeln, egal in welcher Situation, immer hundertprozentig korrekt war. Als richtiger Norddeutscher ist er eher zurückhaltend und nicht so überbrodelnd. Aber trotzdem hatte ich nie das Gefühl, dass es ihn störte, wenn andere extrovertierter waren als er.

Mirko, 30

Der Elektroniker, IT-Spezialist und Funker kommt aus Worpswede und arbeitete zuvor in Bremen als Entwicklungsingenieur. Auch er ein typischer Norddeutscher, vom Aussehen und vom Wesen her: groß, blond, blaue Augen, im »normalen Leben« Surfer. Auch er – wie Micha – zurückhaltend und nicht zu Gefühlsausbrüchen neigend. Ich bewunderte ihn immer wegen seiner Ruhe und Gelassenheit, egal welches Problem anstand. Besonders bei Schwierigkeiten mit Computern oder Programmen neigte ich dazu, nach ein paar Stunden erfolgloser Fehlersuche wütend alles hinschmeißen zu wollen, und er holte mich immer wieder auf den Boden (und zur Arbeit) zurück.

Mike, 38

Er war unser »Bulettenschmied« – also Koch. Er kommt aus Panketal in Brandenburg und arbeitete vorher als Schiffskoch auf der »Transeuropa« zwischen Helsinki und Travemünde.
Als richtiger Berliner war er laut und eigentlich sehr »pflegeleicht«: War er gutgelaunt, gab es keinen Ort an der Station, an dem die Stimmung besser war und an dem mehr gelacht wurde als in der Küche – aber passte ihm etwas nicht, so schreckte er nicht davor zurück, es direkt und unverblümt zu verkünden.
Er hat auf jeden Fall einen großen Teil zu meinem Wohlbefinden während des Winters beigetragen. Ich verbrachte gern Zeit in der Küche, entweder um etwas dabei zu lernen oder um einfach mal abzuschalten. Und oft genug schaffte er es mit seinen Kochkünsten, meine manchmal schlechte Laune wieder zu bessern.

Claudia, 28

Sie war die Meteorologin unseres Teams. Ursprünglich aus Cottbus, studierte sie die Jahre vor der Überwinterung in Kiel Meteorologie und entdeckte bei einer Forschungsfahrt auf der Ostsee die Liebe zum Eis. Sie ist ein sehr warmer, herzlicher und gefühlsbetonter Mensch, und in ihr habe ich eine sehr gute Freundin und echte Vertraute gefunden. Wir waren vom Temperament und Wesen her eigentlich sehr unterschiedlich, und genau deswegen verhalfen mir die Gespräche mit ihr oft zu einer anderen Sichtweise oder eröffneten mir einen anderen Blickwinkel auf meine Schwierigkeiten.

Karin, 40

Die Luftchemikerin stammt eigentlich aus Aschaffenburg, arbeitete die zehn Jahre vor unserem Antarktisaufenthalt aber in St. Johann in Österreich, unter anderem als Umweltschutzbeauftragte in einer Holzfaserplattenproduktionsfirma. Sie interessierte sich schon länger für das Thema Klimaforschung, und durch ihren Wohnort in den Bergen hatte sie auch eine starke Affinität zu Schnee und Eis.
Ihr eher zierliches Aussehen täuschte darüber hinweg, dass sie eine richtige Powerfrau war. Gab es irgendetwas zu erledigen, Karin war immer zur Stelle und bot ihre Hilfe an oder packte einfach ungefragt mit an. Sie hatte immer etwas zu erzählen und half uns so wohl auch über die sprachlosen Momente in der Überwinterung hinweg.

Chris, 24

Die gebürtige Schweizerin aus der Nähe von Bern war nicht nur Diplomgeologin, sondern auch unser Nesthäkchen auf der Station und kam wie ich auch mehr oder weniger direkt von der Uni in die Antarktis. Sie war ein richtiger Outdoorfan und schon in ihrer Jugend viel in den Bergen unterwegs. Auch »allein unter Deutschen« behielt sie ihren leichten Schweizer Dialekt bei – und ich fühlte mich dadurch stets ein bisschen an meine Zeit in Zürich erinnert.
Wir betreuten gemeinsam die Geophysik auf Neumayer und waren so tagsüber immer zusammen – halfen uns gegenseitig aus, unterstützten einander, brachten uns in schlechten Phasen wieder zum La-

chen oder gaben dem anderen bei Durchhängern den manchmal dringend benötigten »Arschtritt«. Wie bei Bürokollegen im richtigen Leben auch, kam es natürlich zu kleineren Reibereien, die aber unsere im Ganzen sehr harmonische Beziehung nicht ernsthaft störten.

Wie heißt es so schön in einem Lied von Robert Palmer: *It takes every kind of people to make the world go round* – und genauso war es bei unserer Gruppe. Wir waren alle sehr verschieden, aber vielleicht verlebten wir gerade deshalb – trotz einiger Konflikte und Auseinandersetzungen, die es natürlich auch gab – insgesamt eine so gute Zeit miteinander.

Wir neun saßen nun wie gesagt das erste Mal alleine um den Wohnzimmertisch. Es musste ja schließlich viel geplant werden: Jetzt, wo wir frei waren und uns nicht mehr nach den allgemeinen »Neumayer-Regeln« (»Das ist so, weil das war schon immer so und wird auch immer so bleiben …«) richten bzw. Rücksicht auf Sommergäste nehmen mussten, konnten wir den Tagesablauf nun ganz nach unseren Vorstellungen gestalten.

Die Essenszeiten waren relativ schnell geklärt: Frühstück nicht mehr wie bisher zwischen 7 und 8 Uhr, sondern jetzt um 8.30 Uhr, Mittagessen erst um 13 Uhr, und auch das Abendessen sollte nun eine Stunde später, um 19 Uhr, beginnen.

Um ein bisschen das Wochenendgefühl hochzuhalten, sollte es sonntags kein Mittagessen geben, dafür Brunch ab 9 Uhr und abends ein großes Dinner.

Die kleinen Pausen wurde auch verschoben: Statt um 10 gab es den Cappuccino erst um 11 Uhr. Die Teepause um 15 Uhr blieb aber bei ihrer schon im Sommer festen Zeit. Das klingt jetzt sicher eher unwichtig, gab uns aber das gute Gefühl, unseren Alltag wirklich nach unseren Vorstellungen zu gestalten.

Natürlich gab es neben der freien Zeiteinteilung noch weitere erfreuliche Aspekte der Abreise der Sommergäste:

Der positivste von ihnen war, dass wir endlich Zeit und Platz hatten, unsere »Zimmer« einzurichten. Die meisten von uns hatten schon seit einer Woche oder etwas länger ihr eigenes Zimmer, da am Ende der Saison nur noch vier Sommergäste an der Station gewesen waren. Wir hatten aber alle mit dem Auspacken der privaten Kisten noch gewartet, bis endgültig Ruhe in die Station einkehrte.

Jetzt ging ein geschäftiges Treiben in der Oströhre los: überall sah man Leute kopfüber in ihren Zargeskisten stecken und wühlen, Dekomaterial, Bücher, Kleidung und Bilder in Richtung Zimmer schleppen. Die Stimmung war ausgelassen, ich schlenderte mehrmals auf dem Gang hin und her und äugte neugierig in die Zimmer der anderen. Bei jedem gab es ein paar Fotos zu betrachten und ein paar Geschichten aus dem »alten« Leben zu hören.

Innerhalb weniger Tage wurde die Station von unserem Aufenthaltsort während des Sommers zu einem Zuhause.

Ich brauchte ungefähr drei Tage, bis ich mich wirklich wohl fühlte in meinem Zimmer. Eine Kiste nach der anderen leerte sich, ich füllte Kleiderberge um Kleiderberge in meine drei Schränke, »tapezierte« Wände und Schränke mit Blumenbildern und Fotos von Daheim, füllte mein Schreibtischregal mit Nippes, Büchern und CDs, bis mein Zimmer so vollgestopft war, dass nur noch wenig von den eintönig weißlichbeigen Wänden zu sehen war – und ich mich endlich heimisch fühlte. Als Letztes nähte ich mir noch einen Vorhang aus einem alten Betttuch, das ich bemalte und an der Decke am Fußende meines Bettes aufhängte.

Wie schon erwähnt ist der Aufbau aller Zimmer gleich, und ihre Einrichtung sollte prinzipiell nicht verändert werden. Betritt man ein Zimmer, so befindet sich rechts direkt hinter der Tür der erste Schrank. Daneben, schon nicht mehr hinter der geöffneten Tür, folgen zwei weitere Schränke desselben Modells: jeder von ihnen etwa eineinhalb Meter breit, zwei Meter hoch und beige – in zweifelhaft schönem Kontrast zu dem dunkelbraunen Teppichboden.

In etwa zwei Meter Abstand von der Tür befinden sich die beiden Betten längs übereinander an der linken Wand. Sie grenzen mit dem Kopfteil an die Rückwand des Containers. Das untere Bett ist fest verankert, das obere kann hochgeklappt werden. An der Rückwand des Containers, zwischen Bettkopfteil und rechter Containerwand eingeklemmt, befindet sich der Schreibtisch, auf dem ein kleines Bücherregal steht.

Der Gestaltungsfreiraum für die Zimmer ist also nicht besonders groß, man kann sich höchstens noch entscheiden, ob man einen kleinen Tisch ans Fußende des Betts stellt oder sich ein kleines Regal baut, das an diese Stelle passt.

Mich störte bei der Zimmeraufteilung vor allem, dass ein Besucher (auch wenn in nächster Zeit nicht viele Besucher zu erwarten waren) quasi direkt ins Bett fiel, wenn er ins Zimmer trat. Daher mein Vorhang – und mit ihm die Aufteilung des Zimmers in einen Vorraum und einen Privatraum.

Doch nicht nur die eigenen Zimmer boten einen Grund, sich zu freuen: Im Bad erfolgte erst eine große Wegwerfaktion angebrochener Shampoos, Duschgels etc. unserer Vorgänger, und alle Handtücher wurden in die Wäsche getan. Jeder von uns erhielt sein eigenes Fach im Badregal und zwei Haken für Handtücher an der Wand zugeteilt, die mit Namen beschriftet wurden.

Der Gipfel des Luxus aber war, dass wir endlich die Sauna in Betrieb nehmen konnten:

Im Sommer war der Stromverbrauch der Station relativ hoch, so dass es leider nicht möglich war, das Netz auch noch mit dem Stromverbrauch der Sauna zu belasten.

Gleich wurden zwei Abende festgelegt, an denen während des Winters Saunagänge stattfinden sollten: Dienstag und Freitag wurden dazu auserkoren, und dieser Rhythmus wurde während des gesamten Winters, wenn es nur irgend möglich war, eingehalten.

Nachdem wir nur zwei Tage allein waren, stand schon der erste große Feiertag ins Haus: Rosenmontag!

Da ich rheinische Wurzeln habe, schlug ich vor, dass wir doch unseren eigenen kleinen Rosenmontagsumzug vor einer der Stationswebcams veranstalten könnten. An der Station befanden sich zwei Webcams, eine davon drehbar, deren stündliche Bilder im Internet zu sehen waren – und die großen Rosenmontagsumzüge werden ja schließlich auch im Fernsehen übertragen!

Der Vorschlag wurde von allen bis auf Micha, der als Hamburger ein eingefleischter Karnevalsgegner ist, freudig angenommen. Als René auch noch sagte, dass er uns einen richtigen Zug bauen würde – also einen Pistenbully mit Schlitten vorbereiten –, kannte die Begeisterung kaum noch Grenzen. Um 12 Uhr Ortszeit wollten wir vor der Webcam einbiegen und unser Beweisfoto machen.

Schon am Vormittag waren alle damit beschäftigt, Kostüme vorzubereiten, sich zu verkleiden und zu schminken. Charly als

Krankenschwester mit kurzer Schürze und roten Kreuzen auf seinen weißen Stiefeln und seiner Mütze, Chris eingehüllt in eine Schweizerkreuz-Wimpel-Girlande, Mirko als Cowboy mit großem Papphut und Colt. Die anderen hatten sich einfach als Phantasiegestalten verkleidet, eigentlich reichte ja auch schon die seltsame Polarfliegerbrille als Verkleidung, die wir alle in unserer Ausrüstung hatten. Ich ging als Polarhase – mit langen orange-farbenen Styropor-Ohren, die ich mit Draht an einem alten Helm befestigt hatte.

Um halb zwölf waren wir fertig für unseren Auftritt, schnappten uns den kleinen Stromgenerator und einen tragbaren CD-Spieler aus der Küche und machten uns auf den Weg zu unserem Umzugswagen. Leider war der Schlitten noch mit einer dicken Schicht Schnee bedeckt, und so hieß es erst mal schaufeln, bevor wir sicher aufsteigen konnten – aber dann ging es richtig los.

Wir machten die Musik an, und René fuhr langsam und vorsichtig eine Runde über das Stationsgelände, während wir auf dem Schlitten tanzten und lachten, als wären wir gerade mitten in Köln. Es war perfektes Wetter für unseren Umzug, strahlender Sonnenschein und fast kein Wind. Die Szenerie war einfach nur skurril: wir, hier in der Antarktis, weit weg von allem, verkleidet tanzend auf einem Schlitten vor der Kulisse der Eisberge und mit einem Zuschauer – Micha. Ich war an diesem Nachmittag so glücklich, so weit weg von allem, was mich bedrückte, dass ich wünschte, diese vollkommen absurde Situation würde nie enden.

Um kurz vor zwölf bog der Zug dann vor die Kamera, und wir hielten unser extra vorbereitetes Transparent mit der Aufschrift

»HALLO WELT, hier ist Neumayer«

in die Höhe. Selbst Micha konnte schließlich nicht mehr widerstehen, ließ sich von unserer ausgelassenen Karnevalsstimmung mitreißen und machte in einem Gefühlsausbruch die Rundumleuchten seines Pistenbullys an, mit dem er gerade an der Schneeschmelze arbeitete.

11

Und jetzt zum Wetter

Nach etwa zwei Wochen war es für mich schon fast normal, dass wir allein waren. Wir merkten auch langsam, dass der Winter kam, denn der Polartag war schon seit Anfang Februar vorbei, und es wurde nachts wieder richtig dunkel.

Dadurch konnten wir wunderschöne Farben der Dämmerung und einen unglaublichen Sternenhimmel sehen.

An einem Freitag Anfang März war wie immer Saunatag, und da Vollmond herrschte und so gut wie kein Wind ging, beschloss ich nach dem Saunieren schnell den Treppenturm hochzulaufen und mich draußen abzukühlen, anstatt kalt zu duschen. Also schlappte ich in Badelatschen und Bademantel die neunzig Stufen des Treppenturms hinauf – und da stand ich nun, halbnackt, mitten in der Antarktis bei minus fünfzehn Grad und der Anblick des leicht von Wolken verschleierten Mondes verschlug mir fast den Atem.

So schnell wie es in meinem unpassenden Schuhwerk möglich war lief ich vom West- zum Ost-Turm und sah mich in der Eingangstür noch einmal um, um diesen Anblick möglichst gut in Erinnerung zu behalten. Erst auf dem Weg nach unten merkte ich, dass meine Haare steifgefroren waren und in alle Richtungen abstanden – es war mir in meiner Überwältigung gar nicht aufgefallen, dass es so kalt war.

Schon einen Tag später war das gute Wetter vorbei, und aufgrund der von Claudia ausgegebenen Wettervorhersage beschlossen

René und Micha, dass es besser wäre, die Rampen zu schließen. Es standen in den nächsten Tagen starker Wind und vor allem auch Schneefall bevor.

Im Sommer war es nur relativ selten vorgekommen, dass die Station wind- und wetterfest gemacht werden musste, da das Wetter meist nicht so schlecht gewesen war. Und falls es doch der Fall war, so waren genug Personen an der Station, so dass diese Rampe-zu-Rampe-auf-Aktionen sehr schnell über die Bühne gingen.

Die Rampen werden je nach Wetter geschlossen, da durch den starken Wind und den lockeren Schnee starke Drift aufkommt. Das bedeutet, dass sich sehr viel feiner Schnee in der Luft befindet, der mit dem Wind überallhin transportiert wird. Ähnlich wie feiner Wüstensand kriecht dieser Schnee in alle Ritzen und Öffnungen, die sich ihm bieten. Hinter Hindernissen, wo sich die Windgeschwindigkeit verringert, bilden sich riesige Schneehaufen.

Rund um die Treppentürme oder die Lüftungshutzen der Station hatte die Technik immer mit großen Schneebergen zu kämpfen, die in regelmäßigen Abständen mit dem Pistenbully plattgeschoben werden mussten. Wird der Rampendeckel nicht rechtzeitig geschlossen, so bildet sich auch auf der Rampe ein Schneehaufen, der ein Heraus- oder Hereinfahren mit den Fahrzeugen unmöglich macht. Außerdem wird alles, was sich in der Fahrzeughalle oder in der Ostrampe befindet, mit einer Schicht Schnee überzogen – an sich ein hübscher Anblick, da man denkt, jemand hätte sich die Mühe gemacht, alles mit Puderzucker zu bestäuben, aber natürlich nicht optimal für die Fahrzeuge.

Bei vorausgesagter Drift wurden alle Fahrzeuge innerhalb der Station abgestellt, um zu vermeiden, dass sie draußen vom Schnee »verschlungen« werden, und die Rampen beide geschlossen.

Wie schon beschrieben, befindet sich am nördlichen Ende der Oströhre die Ostrampe, die direkt vor der Werkstatt endet. Über diese Rampe werden die Kühlcontainer für Nahrung und der Müll-container an ihre Plätze vor dem Ende der Weströhre gebracht. Im Winter, wenn nicht so viele Fahrzeuge für Arbeiten an der Station benötigt wurden, war die Ostrampe meist geschlossen, und auf ihr parkten Pistenbullys. Diese Rampe zu schließen war noch richtige Handarbeit, die einzelnen Elemente der Rampenabdeckung, die etwa sechs Meter mal vierzig Zentimeter groß waren, mussten von Hand auf kleine Wagen gehoben und an ihre Position gerollt werden. Dort wurde eine Planke nach der anderen Breitseite an Breitseite angelegt, bis die Rampe geschlossen war.

Die Nordrampe bildet die Zufahrt zur etwas höher gelegenen Fahrzeughalle, die von der Station aus nur durch einen Verbindungsgang erreicht werden kann. In der Fahrzeughalle befinden sich die Skidootankstelle sowie die Skidoos und die restlichen Pistenbullys. Der etwa sechs mal fünfzehn Meter große Rampendeckel kann mittels einer Seilwinde geöffnet und geschlossen werden. Hierzu werden zwei starke Bohrmaschinen an die Winde angeschlossen, und somit bleibt einem die anstrengende Kurbelei  von Hand erspart. Das Schließen der Nordrampe dauerte meistens nicht sehr lange, es musste nur störender Schnee entfernt werden, so dass der Deckel dicht abschließen konnte.

Am Nachmittag wurde die Nordrampe geschlossen, und gestärkt vom Abendessen, hieß es dann für uns alle an der Ostrampe mit anzupacken. Das Wetter hatte sich verschlechtert, der Wind war schon bei etwa dreißig Knoten, und die Drift hatte auch zugenommen, die gefühlte Temperatur lag bei minus dreiunddreißig Grad. Also setzte ich meine Sturmmaske auf, zog den Polaranzug, die dicken Gummistiefel, Skibrille und Handschuhe an, und los ging es zur Arbeit. Nach ungefähr einer Dreiviertelstunde Elemente heben, schieben und hinlegen waren wir wohl alle etwas erschöpft, aber unsere Station war gegen Wind und Wetter gefeit. Ich ging zufrieden zu den Treppentürmen und zurück in unseren sicheren »Bau«. Komme, was da wolle, wir waren auf jede Art von Sturm, Schneefall oder Drift vorbereitet.

Oft bekam ich sehr gemischte, aber meist negative Reaktionen, wenn ich beschrieb, wie wir in der Station lebten: fast fünfzehn Meter unter dem Eis in Containern, die in Stahlröhren stehen. Ohne Fenster, die Beleuchtung durch Neonröhren, alles durch eine zentrale Klimaanlage belüftet, und der Weg an die Oberfläche führte durch zwei lange Türme.

Die Reaktionen gingen von »Das könnte ich nie, das ist ja furchtbar beklemmend!« bis hin zu »Wird man da nicht verrückt?« oder gar »Das ist ja wie in einem Gefängnis!«. Ich gebe zu, dass ich die Fenster anfangs vermisste und dass ich in gewissen Momenten, die ich »Realitätsschocks« nannte, wirklich darüber erstaunt war, wie man hier unten, obwohl es objektiv gesehen so hässlich und kalt war, so gut leben konnte. Aber diese Momente waren sehr selten, meistens fühlte ich mich einfach wohl in unseren Röhren.

Und dass die Station keine Fenster hätte, ist eigentlich auch nicht richtig, zwar waren es nicht herkömmliche Fenster, aber rausgucken konnten wir jederzeit:

Im Raucherraum und in der Messe standen Monitore, auf denen immer der sogenannte Messemonitor angezeigt wurde. Das ist eine interne Website des Neumayer-Netzwerks, die alle fünf Sekunden aktualisiert wird. Dort liefen neben wissenschaftlichen Daten aus der Meteorologie und der Luftchemie auch die für uns alle interessanten »banalen« Wetter- und Tagesdaten ein: Neben

Wochentag, Uhrzeit und Datum wurden unter anderem Temperatur, Windgeschwindigkeit, Windchill (gefühlte Temperatur), Bewölkung und Tageslichtdauer angezeigt. Integriert in diese Darstellung von Informationen waren Ansichten der zwei Webcams der Station. Auch diese Bilder wurden alle fünf Sekunden aktualisiert, und so konnten wir immer »aus dem Fenster gucken«. War das Wetter gut, sah man teilweise die Eisberge in der Bucht, bei einem aufziehenden Sturm, so wie es gerade der Fall war, konnte es sein, dass man nichts sah – das Bild war einfach weiß oder dunkel, je nach Tageszeit.

Gerade wenn schlechtes Wetter im Anmarsch war, gab es für mich nichts Schöneres und Beruhigenderes, als geborgen und sicher in der warmen Messe zu sitzen und auf dem Monitor zu sehen, wie der Sturm draußen stärker und die Sichtweite immer geringer wurde.

Im Laufe der Überwinterung wurde dieses Fenster noch weiter aufgestoßen. Mirko hatte von uns die Adressen von Webcams aus unseren Heimat- oder Lieblingsorten eingegeben, und wir konnten, wenn »unser« Fenster aufgrund schlechten Wetters oder Dunkelheit nicht sehr aussagekräftig war, mal in die Schweiz, nach Augsburg, nach Sylt, nach Hamburg, in den Spreewald, nach Berlin oder auch einfach mal auf einen Karibikstrand gucken.

Die Bilder änderten sich automatisch im Abstand von drei Minuten, und sie bescherten uns viele Gesprächsthemen. Eine unserer Lieblingsbeschäftigungen war zum Beispiel die Beobachtung eines roten Lieferwagens, der monatelang in Hamburg auf dem Rathausmarkt stand, und wir entwickelten schon die wildesten Theorien über in ihm befindliche Terroristen oder Bomben.

Doch zurück zu unserem schlechten Wetter, das uns fast zwei Wochen erhalten blieb – die Windgeschwindigkeit nahm sogar noch weiter zu. Ich verbrachte die meiste Zeit innerhalb der Station, denn bei solchem Wetter geht nur der raus, der auch wirklich rausmuss. Täglich raus mussten bei uns eigentlich nur Claudia und Karin:

Claudia, um – soweit der Sturm nicht zu stark war – täglich eine Radiosonde steigen zu lassen. Außerdem gehörte zu ihren Aufgaben alle drei Stunden zwischen 6 Uhr morgens und 24 Uhr nachts einen »Obs« – also eine Wetterbeobachtung – zu machen. Das hieß für sie den Treppenturm rauf, rausgehen beziehungsweise bei zu schlechtem Wetter und zu schlechter Sicht nur die Nase aus der Tür stecken und anschließend die beobachteten Wetterdaten in eine internationale Datenbank einspielen. Bei diesen Wetterbeobachtungen wird die Wolkenbedeckung des Himmels in Achteln angegeben, was für Wolken am Himmel sind, ob Wetterphänomene wie z. B. Nebensonnen oder Luftspiegelungen zu sehen sind, ob es schneit, driftet oder fegt. Diese Daten sind sehr wichtig, um bessere Wettermodelle zu erstellen und um somit die Genauigkeit von großräumigen Wettervorhersagen zu verbessern.

Karin musste jeden Tag die ca. 1,5 Kilometer zur Spuso zurücklegen, um dort ihre täglichen Routinen in der Luftchemie abzuarbeiten. Manchmal war ich deswegen fast ein bisschen neidisch, denn so war sie gezwungen, immer nach draußen zu gehen und vor allem, sich an der frischen Luft zu bewegen. Wenn ich mich während des Winters manchmal tagelang nur zwischen meinem Zimmer, dem Büro und der Messe hin- und herbewegt hatte und dabei immer träger und träger wurde, mir der Weg den Treppenturm hinauf unendlich lang und mühsam vorkam und ich schon arg mit mir kämpfen musste, wenn ich an der Reihe war, Schnee in die Schmelze zu schippen, wünschte ich mir fast, dass ich auch gezwungen wäre, jeden Tag nach draußen zu gehen.

Chris und ich hatten also diesen gerade erwähnten zweifelhaften Vorteil, dass wir – bis auf die Deklinations- und Inklinationsmessung alle zwei Tage, wo wir den einen Kilometer zum Magobs hinter uns bringen mussten – den Großteil unserer Arbeit im Büro erledigen konnten. War allerdings das Wetter schlecht und der Wind zu stark, konnten wir diese Messung nicht durchführen, da durch das »Rütteln« des Sturms am Observatoriumsschachtdeckel die Messungen gestört werden.

In dieser Woche war ich trotz schlechten Wetters gezwungen, nach draußen zu gehen: Mirko und ich hatten gemeinsam Schmelzendienst.

Im Sommer, wenn viele Personen an der Station lebten, hatte jeder – egal ob Überwinterer, Logistiker oder Wissenschaftlicher Sommergast – im Abstand von ungefähr einer Woche Schmelze. Am schwarzen Brett hing der Schmelzenplan, in dem für jeden Tag die vier »Schmelzer« eingetragen waren. Diese hatten sich untereinander abzusprechen, wie sie die täglich anfallenden Arbeiten aufteilen wollten.

Die Schmelzendienst-Aufgaben umfassten die Reinigung des Waschraums, der Toiletten und der Messe. Außerdem war der Schmelzendienst dafür verantwortlich, dass immer ausreichend Wasser in den Vorratstanks war. Die Schneeschmelze musste dafür im Sommer etwa dreimal täglich gefüllt werden, im Winter reichte meist eine Füllung aus. Wenn das Wetter zu schlecht war, wurde der Wasserverbrauch eingeschränkt, damit die Schmelzer nicht nach draußen gehen mussten. Als zuständiger »Wassermacher« durfte man von dem erschippten Wasser dafür auch mehr verbrauchen als die anderen: Der Schmelzendienst hatte das Nutzungsrecht der Waschmaschinen.

Abends musste dann noch der Müll »gemacht« werden, also

die verschiedenen Mülltonnen leeren und je nach Inhalt schreddern und/oder pressen. Am Abend sollten die Mülltonnen auf jeden Fall leer sein.

Zusätzlich war der Schmelzendienst angehalten, bei allen Mahlzeiten mit in der Küche zu helfen, den Abwasch zu erledigen und überall, wo es etwas zu tun gab, mit anzupacken.

Im Winter, wo wir nur noch zu neunt an der Station lebten und nur acht von uns »schmelzenpflichtig« waren (der Koch war vom Schmelzendienst befreit), erhöhte sich die Schmelzendienstfrequenz auf alle drei bis vier Tage. Wir hatten nur noch zu zweit Schmelzendienst – immer ein Mann und eine Frau zusammen, da es gerade beim Schneeschaufeln oder beim Müll machen nicht schaden konnte, wenn neben einer starken Frau auch ein starker Mann mit anpackte.

Als Mirko und ich nach oben gingen, um die Schneeschmelze zu füllen, war es immer noch sehr windig. Die Windgeschwindigkeit lag bei etwa vierzig Knoten, und die Drift war fast zwei Meter hoch. Wir hatten Probleme, die zwanzig Meter vom Treppenturm bis zur Schmelze zu sehen.

Die Schmelze war immer durch vier Schaufeln markiert. Sie steckten rund um den Holzdeckel, der das etwa fünfzehn Meter weiter unten im beheizten Schmelzentank endende Fallrohr abschließt. Als wir bei den vier Schaufeln ankamen, ragten nur noch etwa zwanzig Zentimeter der Schaufelgriffe über die Schneeoberfläche, und wir mussten uns erst durch eine etwa einen Meter dicke Schneeschicht graben, bevor wir den Deckel abnehmen konnten. Dafür ging das Füllen der Schmelze sehr schnell – über Schneemangel konnten wir bei diesen Wetterverhältnissen jedenfalls nicht klagen.

12

Auf dem Eis unterwegs

Nach zwei Wochen »Tauchfahrt« war endlich eine Wetterbesserung in Sicht, und wir konnten die Rampen wieder öffnen. Anders als das schon beschriebene Schließen der Rampen, ist das Öffnen meist sehr viel aufwendiger. Nachdem es nun zwei Wochen gestürmt und gedriftet hatte, lag auf beiden Rampendeckeln teilweise bis zu ein Meter Schnee – und diesen mussten wir erst von Hand wegschippen, bevor wir die Deckel öffnen konnten. Wir teilten uns in zwei Gruppen auf, die eine schippte und schleppte an der Ostrampe, die andere an der Nordrampe. Ich kämpfte mit an der Nordrampe, und nach etwa zwei Stunden hatten wir endlich den Deckel freigeschippt und konnten die Seilwinde in Bewegung setzen, um das Dach anzuheben – ungefähr zeitgleich waren die anderen auch mit der Ostrampe fertig.

Als die Rampen wieder offen waren, herrschte sofort reges Treiben an der Station: Neben den Routinearbeiten mussten noch die Notfallkabausen aufgestellt werden. Das konnte von René und Micha erst in Angriff genommen werden, als das schlechte Wetter vorbei war, da hierfür Pistenbullys und Skidoos benötigt wurden.

Die Kabausen waren unsere Absicherung für den Notfall. Hätten wir zum Beispiel nach einem Brand die Station aufgeben müssen, wären sie unsere Notunterkünfte gewesen.

Der Wohncontainer, den wir auch auf der Traverse dabeihatten, wurde etwa 500 Meter von der Station aufgestellt. Zu ihm wurde eine Kabeltrasse gelegt, so dass er mit Strom versorgt werden konnte. Da er immer geheizt war, wurden in ihm auch die ärztlichen Notfallkoffer und Nahrungsmittel in Dosen, die nicht gefrieren dürfen, untergebracht. Außerdem war dort auch ein GPS-Gerät, Iridium Telefon und Funk gelagert, so dass wir jederzeit noch Kontakt zur Außenwelt aufnehmen könnten, selbst wenn die Station und somit die Standleitung aufgegeben worden wäre.

Etwa einen Kilometer von der Station entfernt wurde die zweite Notfallkabause aufgestellt. Es war eine der orangefarbenen Biwakschachteln, die auch im Sommer als Unterkunft für die Sommergäste dienten. Sie ist etwas größer und geräumiger als der Wohncontainer und auch mit sechs Betten ausgestattet. Zur Kabause wurde kein Stromkabel verlegt, und sie blieb den gesamten Winter kalt.

Nachdem die beiden Unterkünfte an den richtigen Stellen aufgebaut worden waren, sammelte Charly von jedem von uns die Notfallausrüstung ein:

Da stand ich nun vor meinen Kisten und überlegte mir, was ich wohl im Notfall brauchen würde. Vorschriftsmäßig packte ich Kleidung für drei Wochen, einen der Polaranzüge, Handschuhe, Stiefel, Schlafsack und Isomatte ein. Ich nahm noch ein Buch und legte es oben auf meine Klamotten – man weiß ja nie. Nachdem wir alles verräumt hatten und die Notfallkabausen ausgerüstet waren, konnte uns ja eigentlich nichts mehr passieren – um es mal positiv auszudrücken.

Am Nachmittag, als die Routinearbeiten erledigt waren, nutzten Chris und ich das gute Wetter und begleiteten Mirko auf einer Fahrt nach Palaoa, der Walhorchstation. Mirko war im Winter für den Betrieb und die Wartungsarbeiten der Walhorche zuständig.

Diese etwa vierzehn Kilometer nördlich von Neumayer gelegene Station besteht eigentlich nur aus einem Zehn-Fuß-Container, der in der Nähe der Eiskante aufgestellt ist. In ihm befindet sich die Elektronik und Datenerfassung eines Hydrophons, das durch ein Loch im etwa 200 Meter dicken Schelfeis bis ins Wasser reicht. Mit dem Hydrophon werden Tiergeräusche aus dem Meer aufgezeichnet, anhand deren mehr über das Verhalten von Walen und Robben in Erfahrung gebracht werden soll.

Aufgrund der Stürme war es zu Problemen gekommen, und die Station, die eine von Neumayer unabhängige Stromversorgung durch Windgeneratoren und Solarpanele hat, lieferte seit zwei Wochen keine Daten mehr.

Wir machten uns mit den Skidoos auf den Weg, allerdings war der Boden durch die Drift in den letzten Tagen sehr uneben und die Verwehungen schon durchgefroren, so dass wir erst nach etwa einer Stunde völlig durchgeschüttelt unser Ziel erreichten.

Während Mirko im Container werkelte, genossen Chris und ich die Sonne. Nach getaner Arbeit machten wir noch einen Abstecher zum Nordanleger. Auch diese Strecke ist erkundet und offiziell mit Flaggen markiert. Die Aussicht auf die im offenen Meer treibenden Eisberge war atemberaubend.

Nachdem wir die lärmenden Skidoos abgestellt hatten, herrschte absolute Stille, nur ab und zu hörte man ein donnerartiges Grollen, wenn irgendwo Kilometer entfernt ein Eisberg »kalbte«, das heißt ein Stück eines riesigen Eisbergs abbrach. Die Sonne spiegelte sich im Meer, und die gesamte Stimmung war unglaublich ruhig und friedlich. Ich konnte mir fast nicht mehr vorstellen, dass diese im Moment so freundlich wirkende Antarktis auch ein anderes, stürmisches und gefährliches Gesicht hatte – wie sie es uns die letzten zwei Wochen gezeigt hatte.

Noch ein paar Worte zur weiteren Umgebung der Station: Wie schon erwähnt, befindet sich die Station auf dem sich bewegenden Ekström-Schelfeis. Schelfeis nennt man den Teil eines Gletschers, der ins offene Meer fließt. Anders als bei einer Gletscherzunge in den Bergen, schwimmt dieser Gletscherausläufer, bis auf wenige Stellen, an denen sich kleine Felsen unter dem Eis befinden, »frei« auf dem Meer. Durch die Bewegung des Eises wird nicht nur die gesamte Station und somit auch wir und alles, was dazugehört, pro Jahr etwa 150 Meter Richtung Norden transportiert, sondern es bilden sich in den Gebieten, in denen zum Beispiel Felsen unter dem Eis sind, gefährliche Spalten. In der Umgebung der Neumayer-Station sind diese Gebiete bekannt und erkundet. In regelmäßigen Abständen wird auch weiterhin entweder aus der Luft oder bei Erkundungsfahrten mit dem Skidoo überprüft, ob sich dort etwas geändert hat.

Östlich der Station zum Beispiel befindet sich ein großes Spaltengebiet, da sich ebendort ein Fels unter dem Eis befindet.

Nördlich der Station, zwischen Palaoa und dem Winterlager,

befindet sich ein großes Inlet. Inlet nennt man eine Spalte im Schelfeis, die zum Meer hin offen ausläuft. Von oben sieht es aus, als hätte man ein schmales Tortenstück aus dem Schelfeis geschnitten.

Alle diese Gebiete waren für uns gesperrt, es war offiziell strengstens verboten, sich zu Fuß oder mit einem Fahrzeug dorthin zu begeben – wobei der gesunde Menschenverstand und Überlebenswille einem das Betreten dieser Gefahrenzonen eigentlich schon von selbst verbietet.

Alle anderen Strecken sind in den GPS-Geräten eingespeichert. Die kürzeren und häufig befahrenen Strecken in der Umgebung der Station, wie z. B. nach Palaoa oder zum Winterlager, sind zusätzlich dazu mit Bambusflaggen markiert, die untereinander einen Abstand von etwa fünfzig Meter haben.

Sieht man Luftaufnahmen von der Station, so würde man annehmen, dass wir von dort aus einfach mal in irgendeine Richtung losfahren könnten, so frei, als wäre man an einem riesigen Sandstrand. Trotz der unendlichen Weite gab es aber für uns ein sehr striktes Straßen- bzw. Trassen-Netz, an das sich auch jeder hielt. Das Risiko während des Winters ist einfach zu groß, und man setzt in so einer Umgebung nicht leichtfertig sein Leben aufs Spiel.

Das einzige Gebiet, wo wir die »Freiheit« genießen konnten, einfach hinzufahren, wo wir wollten, war auf dem Meereis. Das Meereis ist abhängig vom Wetter von etwa Mitte Juli bis Anfang/Mitte Januar geöffnet, also vom Stationsleiter zum Befahren freigegeben. Im Vorfeld der Freigabe werden Eisbohrungen zur Bestimmung der Eisdicke gemacht. Anfang Januar, wenn das Meereis während des Sommers zu schmelzen beginnt, bilden sich Risse, und die Dicke der Eisschicht nimmt ab. Auch dann ist es die Aufgabe des Stationsleiters, das Risiko des Befahrens abzuschätzen und das Eis gegebenenfalls zu sperren.

Da das Meereis »beweglicher« ist als das dicke Schelfeis, ist es hier nicht möglich, Trassen zu stecken. Die Spalten im Meereis verändern sich dafür viel zu schnell – sei es, dass sie sich bilden (z. B. durch den Tidenhub in der Umgebung der Eiskante oder eines Eisbergs) oder dass sie wieder zufrieren. Jeder, der sich auf das Meereis begab, musste eigenverantwortlich den ihm am sichersten erscheinenden Weg finden. Im Unterschied zu den Spalten im Schelfeis, die sehr tief sein können und die oft schwer zu erkennen sind, da sich über ihnen beispielsweise Schneebrücken gebildet haben, sind die Spalten im Meereis meist gut zu sehen. Man kann auch ihre Breite gut abschätzen, und so ist die Gefahr, die von ihnen ausgeht, sehr viel geringer als die von Gletscherspalten. Natürlich gab es auch hier Restriktionen, wie zum Beispiel die Order, nicht nahe an die Eiskante oder an Eisberge heranzufahren, aber im Grunde genommen hatten wir auf dem Meereis die auf dem Schelfeis fehlende Freiheit, dorthin zu fahren, wo wir gerade wollten.

13

Wir wachsen zusammen

Leider hielt das gute Wetter nur vier Tage an, und schon mussten die Rampen wieder geschlossen werden. Wir versuchten zwar so lange wie möglich das Schließen hinauszuzögern, aber durch starkes Bodenfegen war es schon zu beträchtlichen Schneebergen auf den Rampen und in der Fahrzeughalle gekommen. Am Saunatag entwickelte René eine neue Art, sich abzukühlen: Er fuhr in den Saunapausen nur mit seinem Handtuch bekleidet mit dem Pistenbully nach draußen und schob die Schneeberge von der Rampe. Aber es half alles nichts – der Schnee ließ sich durch diesen Anblick auch nicht zum Schmelzen bringen – und wir machten unsere nächste Tauchfahrt.

Ich war mal wieder an der Reihe mit einer DI-Messung im Magobs. Das Wetter ließ zwar etwas zu wünschen übrig, der Wind lag fast bei vierzig Knoten, aber da nur sehr wenig Schnee in der Luft war und sogar die Sonne ab und zu durch die Wolken blinzelte, beschloss ich zu gehen. Das Magnetfeld war auch ruhig, was eine der Voraussetzungen für die Messung ist. Bei unruhigem Magnetfeld bis hin zu magnetischen Stürmen wäre die Messung zu stark gestört. In unserem Büro hatten wir einen Monitor, auf dem die Daten der Magnetik dargestellt wurden, und vor einer Messung überprüften wir jeweils, ob das Magnetfeld sich ruhig verhielt oder »herumzappelte«. Mirko bot mir an, mich zu begleiten, und ich freute mich über Gesellschaft bei der halbstündigen Messung.

Beim schlechten Wetter der letzten Wochen war stets viel Schnee in der Luft gewesen und die Fortbewegung draußen mehr als mühsam: Oft sank man bis zu den Knien in den weichen Schnee ein oder stolperte über bis zu einen Meter hohe Schnee- verwehungen, wo am Tag zuvor noch alles flach gewesen war. Jetzt allerdings hatten wir mit genau dem entgegengesetzten Phä- nomen zu kämpfen: Es war windig, allerdings war kein Schnee von anderen Teilen der Antarktis zu uns transportiert worden, sondern der Wind hatte allen Schnee von uns weggetragen. Drau- ßen war es an vielen Stellen spiegelglatt gefegt, und wir machten uns gegen den Wind gestemmt auf den Weg zum Observatorium. Erst kam ich mir albern vor, weil wir uns an den Händen hielten, aber als ich das erste Mal auf dem Eis ausrutschte, merkte ich, dass es wohl doch keine so schlechte Idee war.

Als wir etwa eine dreiviertel Stunde später durch den Schacht zurück an die Oberfläche krochen, bemerkte ich erstaunt, dass sich das Wetter in der kurzen Zeit schon wieder verschlechtert hatte: Es hatte angefangen zu driften, und wir konnten kaum den nur 200 Meter vom Schacht entfernten IS-Container erspähen.

Natürlich waren die ersten Monate nicht nur aus arbeitstech- nischer Sicht etwas Neues. Im Bereich der Arbeit waren wir alle nun auf uns alleine gestellt und mussten jegliche Art von Proble- men selbst lösen. Aber auch im Privaten hatte sich einiges geän- dert: Seit wir alleine waren, konnten wir eigentlich – wenn wir unsere Arbeit gemacht hatten – tun und lassen, was wir wollten.

Ich fühlte mich so frei, wie ich es noch nie zuvor erlebt hatte. Selten waren so wenige Erwartungen von außen an mich gestellt worden, zum Beispiel auch in Bezug auf mein Aussehen.

Nachdem ich vor meiner Abreise in die Antarktis meine lan- gen Haare schon zu einer Kurzhaarfrisur gestutzt hatte, war das, was nun folgte, nur noch ein kleiner Schritt – und dennoch hätte ich ihn zu Hause, in einem normalen, zivilisierten Umfeld, wahrscheinlich nie und nimmer gewagt: Mike hatte sich im Sommer schon einen Irokesen scheren lassen, und übermütig hatte ich häufiger in Gesprächen mit der Gruppe fallenlassen, dass ich das dann auch machen würde.

Eines schönen Sonntags Anfang März, als wir alle gemeinsam beim Essen saßen, kam wieder einmal das Gespräch darauf. Die anderen neckten mich ein bisschen, dass ich mich ja doch nicht trauen würde – und trotzig machte ich direkt mit Chris und Mike einen Termin aus. Die beiden waren wohl aufgeregter als ich, als es an die Schur ging. Sie fragten noch etwa zehnmal nach, ob ich mir denn wirklich sicher sei, aber als ich darauf bestand, wagten sie es letztendlich doch. Als ich mit meinem frischgeschorenen Irokesenschnitt in den Spiegel blickte, war ich doch – ich muss es gestehen – etwas geschockt. Aber die Haare würden ja wieder wachsen, und bis in neun Monaten, wenn die ersten Gäste kämen, hätten sie schon wieder eine normale Länge von etwa zwölf Zentimetern.

Bei meiner ersten Runde mit der neuen Frisur durch die Station blickte ich nur in Gesichter, die mich mit einem ähnlich erstaunten Ausdruck ansahen wie ich mich ein paar Minuten zuvor, als ich die Bescherung im Spiegel gesehen hatte. Aber schon nach ein paar Tagen hatten sich alle – auch ich – an mein neues Aussehen gewöhnt, und es war einfach normal.

Ich war nicht die Einzige, die es ausnutzte, dass wir mal frei von allen Konventionen waren. Ich investierte viele Stunden, um Chris Rastazöpfe zu flechten – während die anderen Filme anschauten, stand ich hinter Chris und flocht und flocht und flocht. Dieses Haarexperiment war allerdings weniger langlebig als meines, denn schon nach einer Woche waren die Zöpfe wieder offen, und Chris sah aus wie immer – ich hingegen kämpfte mich in den folgenden acht Monaten durch schrecklich unvorteilhafte Haarlängen.

Jetzt war es Ende März, und wir waren als Gruppe schon zusammengewachsen. Wir hatten viel unternommen, mal ein Picknick bei Palaoa mit wunderschönem Sonnenuntergang, gemeinsame Fernseh-, Sauna- oder Spieleabende.

Ein weiterer Programmpunkt in unserer Freizeitgestaltung war der wöchentliche Tanzkurs.

Schon in Bremerhaven hatte ich die Idee gehabt, meinen Mitüberwinterern das Paartanzen beizubringen. Ich hatte früher viel getanzt, und die anderen waren in dieser Richtung – bis auf René – alle sehr unbedarft. Nach guter alter Tanzschulmanier machten wir einen festen Termin für den Kurs ab: den Samstagabend.

Ich machte mich auf die Suche nach Musik, zum Glück hatten wir einen großen Vorrat an MP3, so dass ich nach einigen Stunden »Hörarbeit« eine gute Mischung an tanzbaren Stücken hatte. Ob Beatfox, Cha-Cha-Cha, Rumba oder Walzer, von allem war etwas dabei.

Am ersten Tanzabend war ich als Lehrerin doch etwas aufgeregt, denn trotz meiner langen Tanzpraxis war das Unterrichten für mich Neuland. Außerdem genierte ich mich ein bisschen, da das mein erster »öffentlicher« Auftritt mit meiner neuen Frisur war. Natürlich war ich daran selber schuld, aber wohler fühlte ich mich deswegen nicht.

Wir hatten uns alle hübsch gemacht, die »Mädels« ein bisschen geschminkt und schicker angezogen als sonst, die »Jungs« fein duftend und geschniegelt. Wir hatten die Esstische in der Messe beiseitegeschoben und so eine Tanzfläche gewonnen.

Wie im ersten Tanzkurs üblich, stellten sich die Schüler in zwei Reihen auf – die Männer auf der einen Seite des Raums, die Frauen auf der anderen –, und wir übten die ersten Grundschritte. Als die Schritte schon etwas sicherer saßen, durfte dann das erste Mal mit Partner getanzt werden.

Wir hielten diesen Tanzkurs sehr lange, bestimmt mehr als ein halbes Jahr, durch, und das Ergebnis kann sich, glaube ich, sehen lassen. Aber nicht nur das Ergebnis zählt, für mich waren diese Abende vor allem immer etwas Besonderes, da sie ein gesellschaftliches Ereignis darstellten, von denen es an Neumayer während des Winters nicht viele gab. Und nicht nur bei der ersten Tanzstunde hatten wir uns alle hübsch gemacht: Der Tanzkurs blieb für mich immer ein Anlass, aus dem täglichen Trott auszubrechen und zu probieren, ob ich denn mit Wimperntusche und Lidschatten noch umgehen konnte.

Die »Schüler« waren nach anfänglichen Schwierigkeiten mit Taktgefühl oder Körperspannung alle immer sehr lernbegierig und fleißig, und ich war unglaublich stolz, als ich sie gegen Ende des Kurses tanzen sah. Wir machten auch viele Witze darüber, was das für eine perfekte Masche wäre, um nach der Rückkehr in die Zivilisation beim Tanzen mit einem Partner ins Gespräch zu kommen:

»Wo haben Sie denn Tanzen gelernt?«

»Ach wissen Sie, so nebenbei, als ich in der Antarktis überwintert habe …«

Auch in der Sommersaison nach der Überwinterung konnten wir alle ohne uns zu schämen bei den Festen eine flotte Sohle aufs Parkett legen – gelernt ist nun mal gelernt!

14

Der Alltag hält Einzug

So wie der Tanzkurs zur Routine wurde, so kam auch in anderen Bereichen Routine auf. Wir nahmen freiwillig an einer Studie des der Charité angegliederten Zentrums für Weltraummedizin in Berlin teil und waren Probanden für eine Dissertation, die sich mit der Veränderung des Organismus bei Langzeitisolation beschäftigte. Im Rahmen dieser Untersuchungen führte jeder von uns im Abstand von zwei Wochen ein Ruhe-EKG mit gleichzeitiger Registrierung der Atmung, eine Gewichtskontrolle und eine bioelektrische Impedanzanalyse durch. Aus den Daten der Impedanzanalyse kann letztlich auf die Körperzusammensetzung bezüglich Fettgehalts, Wasserverteilung und weitere Parameter geschlossen werden. Anfangs bekam ich noch regelmäßig einen Nervenzusammenbruch, wenn ich morgens schlaftrunken im Bett versuchte, die Kabel des EKG-Geräts und des Atmungsgürtels zu entwirren, aber nach ein paar Mal wurde selbst das zur Routine. Auch die Gewichtsbestimmung alle zwei Wochen – wenn auch nicht immer mit zufriedenstellendem Ergebnis – war schon fest einprogrammiert.

Zusätzlich dazu erfolgte im Abstand von zehn Wochen bei allen eine Blutabnahme. Teile der Blutanalyse führte Charly direkt vor Ort durch, andere Proben wurden erst nach der Überwinterung analysiert.

Chris und ich waren die Hilfsschwestern der Station, wir hatten ja während der Vorbereitungszeit das Krankenhauspraktikum in Bremerhaven absolviert. Natürlich hofften wir immer, dass unser Einsatz während der Überwinterung nicht notwendig sein würde, aber trotzdem brachte uns Charly vor Ort noch ein paar nützliche Handgriffe bei: Und dazu gehörte auch das Blutabnehmen bzw. Nadel einstechen.

Als wir Anfang April die erste Blutabnahme machten, hatte ich vor Aufregung verschwitzte Hände und zitterte, als ich die Nadel in Mirkos Arm stach. Vorsorglich hatte ich mir jemanden mit gut sichtbaren Venen ausgesucht, und nachdem er zum Glück nicht vor Schmerzen aufschrie, wurde ich etwas ruhiger. Bei meinem dritten »Patienten« lief es schon ziemlich sicher, und ich kam mir fast wie eine routinierte Krankenschwester vor.

In der Zeit vor Ostern waren Chris und ich mit sehr viel Arbeit versorgt. Wie schon erwähnt, ist unsere Hauptarbeit in der Geophysik das sogenannte Erdbebenphasen-«Picken». Täglich müssen die Seismometerdaten des Vortages unserer zwei Außenstationen Watzmann und Olymp, die Daten von Sanae und die unseres Obs-Seismometers ausgewertet werden.

Je nach Erdbebenaktivität ging das sehr schnell, aber an bebenreichen Tagen konnte es schon sein, dass wir mehr als sieben Stunden nur vor dem Computer saßen und Phasen suchten.

Auf dem Watzmann ist, wie gesagt, ein Array aus Seismometern aufgebaut, die nur die Horizontalkomponente einer Welle aufzeichnen. Mit den dort erfassten Daten wird die Richtung einer ankommenden Erdbebenwelle bestimmt. Mit Hilfe von internationalen Bebenmeldungen konnten wir so eine detektierte Welle mit relativ großer Sicherheit einem gemeldeten Beben zuordnen. Abends wurden dann die von uns gepickten Einsatzzeiten in internationale Datenbanken eingespielt. Anhand dieser Daten ist es möglich, zum Beispiel verbesserte Erdmodelle zu erstellen oder eine Aussage über die Seismizität der Antarktis zu machen.

Mit unseren Seismometern detektierten wir hauptsächlich Erdbebenwellen von Beben auf der Südhalbkugel – und da es in dieser Woche zu mehreren starken Beben in Südamerika, dem Solomon-Island-Tsunami und sehr vielen Nachbeben kam, verbrachten wir lange Tage vor den Computern bei der Auswertung der Seismogramme.

Das an der Neumayer-Station geführte Netzwerk für seismologische Beobachtungen war das erste seit 1982 nahezu kontinuierlich arbeitende seismologische Messfeld in der Antarktis, und wir machten diese Arbeit jeden Tag – da gab es keine Ausreden wie Feiertage oder Wochenende.

Als Entschädigung dafür gab es dann am Osterwochenende für Chris und mich eine ganz spezielle Erholungsmöglichkeit: das erste Vollbad nach fast fünf Monaten!

Der Schmelzbehälter und die Wassertanks mussten in regelmäßigen Abständen gereinigt werden, und René und Micha hatten uns angeboten, bei dieser Gelegenheit ein Bad im beheizten Schmelzentank zu nehmen. Das ließen wir uns natürlich nicht zweimal sagen – außerdem hätten wir sonst die Bikinis umsonst dabeigehabt – und als das Schmelzenfenster abmontiert war, kletterten Chris und ich durch die kleine Luke in die Schmelze. Das Wasser war so tief, dass wir gerade noch stehen konnten, und wir alberten lange im Tank herum. Ein bisschen kamen wir uns vor wie im Zoo, denn die anderen hatten von außen das Fenster wieder geschlossen und ein bisschen Wasser zurückgepumpt, so dass wir vor der Scheibe »Nixenbilder« machen konnten. Chris und ich hatten viel Spaß dabei, aber nach einer Dreiviertelstunde im auf etwa dreißig Grad geheizten Wasser waren wir dann doch etwas durchgefroren und froh, als wir wieder nach draußen klettern konnten.

Nach unserer Badeaktion wurde die Schmelze vollständig leergepumpt und von innen geschrubbt. Während René und Micha putzen mussten, hatten Chris und ich den weitaus angenehmeren Teil der Schmelzenreinigung abbekommen.

Am Ostersonntag fand jeder von uns ein kleines antarktisches Osternest vor seiner Zimmertür – und auch wenn Mike es abstritt, so war ich doch sicher, kleine Hasenohrenansätze auf seinem Kopf gesehen zu haben. Am Abend feierten wir mit einem großen Essen und anschließendem Ostertanz.

Am Ostermontag rutschte mir kurz das Herz in die Hose. Normalerweise wird ungefähr einmal im Monat eine Dieselumsetzung durchgeführt, das heißt, dass kurzzeitig alles dunkel wird und nur noch die Notbeleuchtungen funktionieren, während ein anderer Dieselmotor in Betrieb genommen wird. Diese Aktionen wurden von Micha und René vorher angekündigt, so dass wir Wissenschaftler überprüfen konnten, ob bei uns etwas nach der Umsetzung nicht mehr lief. Es waren zwar alle wissenschaftlichen Geräte an eine USV (unterbrechungsfreie Stromversorgung) angeschlossen, die einen Stromausfall von bis zu zwanzig Minuten überbrücken konnte – allerdings konnte diese »Sicherung« natürlich auch ausfallen.

Am Ostermontag jedoch war nichts angekündigt worden, Chris und ich saßen wie immer im Büro und gingen unseren Arbeiten nach, als auf einmal das Licht ausging und wir hörten, wie im Flur alle induktionsgesteuerten Feuerschutztüren mit einem lauten Knall zufielen.

Chris und ich suchten erst mal eine Taschenlampe, dann war es endlich hell genug, so dass wir uns erschrocken ansehen konnten. Ich ging rüber in die Weströhre und holte eine der Notlampen, die im Bad und in der Toilette hängen, damit wir wenigstens ein bisschen »normale« Beleuchtung im Büro hätten. Micha und René waren drüben am Werkeln, und nach kurzer Zeit ging auch das Licht wieder an, als wäre nichts passiert.

In diesem Moment, als krachend die Feuertüren zufielen und kein Licht mehr zu sehen war, wurde mir einmal wieder bewusst, wie autark wir hier eigentlich lebten und wie sehr wir von dem Wissen und Geschick unserer Techniker abhängig waren. Natürlich war jede Arbeit, die hier unten verrichtet wurde, auf ihre Art wichtig – aber wenn ich einen Tag lang nicht picken oder eines unserer Datenerfassungsgeräte ausfallen würde, so würde deswegen keiner frieren oder im schlimmsten Fall gar ums Überleben kämpfen müssen. Ich hatte aber während des Winters immer vollstes Vertrauen zu den beiden Technikern, und sie mussten zum Glück nie ernsthaft beweisen, ob es gerechtfertigt war.

Langsam, aber sicher merkten wir auch an den Temperaturen, dass der Winter im Anmarsch war: Am Wochenende unterschritten wir das erste Mal die Minus-dreißig-Grad-Marke. Sehr schnell gewöhnte ich mich daran, routiniert zwei Paar Handschuhe anzuziehen oder bei jedem Gang nach draußen eine Gesichtsmaske aufzusetzen. Die letzten Hautfleckchen, die noch frei waren, cremte ich mit Melkfett ein, und schon war ich gegen die Kälte gewappnet.

Mir fiel auch auf, wie sich mein Temperaturempfinden angepasst hatte, ich erinnerte mich noch, dass mir während der Sommersaison minus zehn Grad schon schrecklich kalt vorkamen, jetzt jedoch freute ich mich, wenn es endlich mal wieder so schön »warm« war und ich in Jeans nach draußen gehen konnte.

Wenn ich zum Messen lief, lauschte ich jedes Mal fasziniert den Geräuschen des Schnees unter meinen Schuhen. Im Sommer war es noch das bekannte Knirschen gewesen, das jeder vom feuchten Schnee im Garten kennt, doch jetzt war das Geräuschspektrum unglaublich groß:

Es ging von Knirschen über Knacken bis hin zu Klirren – teilweise hörte es sich an, als würde man über Glasscherben laufen.

Durch die Kälte sah alles wie verzaubert aus: Im Inneren des Treppenturms waren alle Wände bis in eine Tiefe von etwa fünf bis sieben Metern von großen Eiskristallen überwuchert (kommt man weiter in die Tiefe, so ist die Tiefsttemperatur im Eis relativ konstant bei etwa minus fünfzehn bis minus achtzehn Grad, da die dicke Eisschicht auch wie eine Isolierschicht wirkt). Die Handlaufleine sah bei Windstille aus, als hätte sie ein Fell bekommen, und auf dem Weg zum

Magobs blieb ich mehrmals stehen, um ein paar dieser Kristalle mit der Hand abzustreichen und dem leisen Klirren zu lauschen, wenn sie auf den Boden rieselten.

Doch die schönsten Eiskristalle erwarteten mich während des gesamten Winters immer am Magobs selbst. Der Deckel, die Stecker und Kabel, die Glühbirne am Schachteinstieg – einfach alles war mit feinen Kristallen überzogen, die im Laufe des Winters immer größer und schöner wurden.

Da das Innere des Schachts – bis auf die kurzen Öffnungen des Deckels während einer Messung – windgeschützt war, konnten diese Kristalle dort ungehindert wachsen.

Oft verharrte ich vor dem Abstieg in den Schacht noch kurz auf der äußeren Leiter, einerseits um zu verschnaufen, da der an sich leichte Alu-Deckel durch die dicke Schicht Eis auf der Innenfläche sehr schwer geworden war, andererseits um diesen Anblick zu genießen – es sah aus wie in einer Zuckerbäckerstube – und hier durfte ich sogar alles anfassen! Dieses leise Geräusch, das sich anhörte wie ein Porzellanglockenspiel, wenn man mit dem Handschuh vorsichtig über die Kristalle strich, war es immer wieder wert, es noch ein paar Minuten länger in der Eiseskälte auszuhalten.

Inmitten dieser klirrenden Kältephase war von René und Charly eine Evakuierungsübung angesetzt worden. Wie oben schon erläutert, wurden zwei Wochen nach Beginn der Überwinterung die Notfallcontainer aufgestellt und mit allem Nötigen ausgestattet.

Nun musste aber natürlich noch alles getestet und der Notfall einmal möglichst realistisch simuliert werden.

In Absprache mit Mike war die Übung abends angesetzt worden, so dass wir gleich das Nützliche mit dem Angenehmen verbinden konnten: Die Benzinkocher in der Kabause mussten ja schließlich auch getestet werden.

Wir machten uns um etwa 18 Uhr auf den Weg zur einen Kilometer von der Station entfernten Notfallkabause. Einige von uns fuhren mit den Skidoos, Charly, Chris, Mirko und ich beschlossen zu Fuß zu gehen. Die Sonne war schon untergegangen, und die Dämmerung brach gerade herein. Es war schon Ende April, und am 24. Mai würde die Polarnacht beginnen.

Als wir an der Kabause ankamen, mussten wir als Erstes das Notstromaggregat zu den fünfzig Meter von der Kabause entfernten Benzinfässern tragen. Dort wurde versucht, es zu betanken und vor allem anzuwerfen. Das Tanken stellte sich als nicht besonders schwierig heraus, aber als es dann darum ging, das Aggregat zum Laufen zu bringen, traten die ersten Probleme auf. Wir Frauen standen da und froren leise vor uns hin, während wir zusahen, wie sich ein starker Mann nach dem anderen an dem Starterseil des Generators versuchte. Dieser schien allerdings beschlossen zu haben, bei minus dreißig Grad nicht mehr zu arbeiten, und die Anstrengungen unserer Männer endeten damit, dass Mirko letztendlich das abgerissene Starterseil in der Hand hielt.

Wir trösteten uns mit Murphys Law: Im Ernstfall wäre die Schnur bestimmt auch gerissen, aber natürlich repariert worden. Um nicht zu viel Zeit zu verlieren, trugen die Männer in diesem Fall den Generator unverrichteter Dinge zurück zur Kabause. Der Rest der Übung wurde ohne elektrische Heizung und Deckenlicht abgehalten – nur ein Bully, den Micha so abstellte, dass er mit seinen Scheinwerfern direkt in eines der Fenster leuchtete, hellte den Raum ein bisschen auf.

Da die Temperatur langsam für uns alle etwas ungemütlich wurde, machte uns René als Erstes mit der Bedienung der altmodischen Ölöfen bekannt, die mir aus Fernseh-Dokumentationen über die Nachkriegszeit sehr bekannt vorkamen.

Anschließend erklärte René die Handhabung des Dieselkochers. Hauptsächlich Mike schenkte ihm dabei Aufmerksamkeit – eigentlich wollten wir alle zuhören bzw. zusehen, doch die Bewegungsfreiheit war einerseits durch den beschränkten Raum, andererseits durch die Tatsache, dass wir alle in dicken Polaranzügen steckten und somit ungefähr das Doppelte des normalen Körpervolumens hatten, sehr gering.

Nach einem weiteren kleinen Missgeschick – ein Stück Küchenpapier geriet in Brand, konnte aber von Mike schnell wieder ausgetreten werden – lief der Kocher, und Mike wärmte die für uns vorbereitete Gulaschsuppe und die Würstchen auf.

Wir saßen enggedrängt um den Tisch in der von unserem Atem fast vollständig eingenebelten, sehr spärlich beleuchteten Kabause und schlürften unsere Suppe. Während des Essens diskutierten wir zuerst noch verschiedene Vorgehensweisen für den Notfall – falls wir wirklich einmal die Station evakuieren müssten. Je länger wir in der Kabause saßen, desto wärmer wurde es; durch die zwei Ölöfen, die Wärme des Kochers, des Essens und unserer Körper brachten wir es nach fast zwei Stunden auf gemütliche null Grad, und die Ersten setzten schon übermütig ihre Mützen ab.

Die Stimmung wurde ausgelassen, und der Anlass dieses etwas anderen Abendessens rückte immer weiter in den Hintergrund. Wir waren wohl alle froh darüber, aus dem Stationsalltag auszubrechen – und immerhin war es das erste Mal, seit wir hier waren, dass wir auswärts essen gingen.

Erst um etwa 21 Uhr machten wir uns wieder auf den Heimweg zur Station, die meisten beschlossen, mit den Skidoos zu fahren, nur Mirko und ich gingen zu Fuß. Die Dämmerungszeit war jetzt schon lange vorbei, und es war bis auf ein paar Sterne am Himmel stockfinster. Die Batterien meiner Stirnlampe waren leider leer, und so liefen wir immer dem einen tanzenden Lichtkegel, den Mirkos Lampe warf, hinterher. Mirko hatte ein GPS-Gerät dabei, das uns nach Hause leiten sollte. Mein prinzipiell großes Vertrauen in die Technik geriet in dieser Situation doch etwas ins Wanken, als wir ohne jeglichen Orientierungspunkt einem kleinen Zeiger folgend in die schwärzeste Nacht hineinliefen. Weder die Treppentürme noch die Belüftungshutzen der Station waren in der Dunkelheit auszumachen. Als wir nach fünfzehn Minuten vor dem Treppenturm standen, der sich auf einmal wie aus dem Nichts vor uns befand, war ich wirklich froh und erleichtert.

Am 30. April hatten wir ein großes Fest vorbereitet: den Tanz in den Mai. Mike hatte das Rezept für Pisco Sour organisiert, und die Eier waren zu dem Zeitpunkt auch noch frisch genug, um dieses Getränk mit rohem Eiweiß zuzubereiten. Um etwa 9 Uhr abends sollte es losgehen, wir hatten Charly überreden können, sein Keyboard in die Messe zu tragen und zum Tanz aufzuspielen. Er war voll in seinem Element, wir hatten die Tische weggeräumt und tanzten zum Zillertaler Hochzeitsmarsch wilde Polkas durch die Messe. Wir hatten uns auch vorgenommen, um 24 Uhr, also genau wenn der Mai und damit der »Frühling« Einzug hielt, vor der Webcam einen Tanz in den Mai vorzuführen.

Die Zeit bis Mitternacht verging im Nu, Chris hatte Pizzabrot gebacken, und Mike verwöhnte uns noch mit allerlei anderen Leckereien. Um kurz vor zwölf lärmten wir die Treppentürme nach oben und stellten uns brav in Reih und Glied vor der Webcam auf. Wir waren alle sehr ausgelassen, und die schwere Aufgabe, dass wir alle um Punkt 24 Uhr unser rechtes Bein heben sollten, führte zu viel Gelächter, einem Schwanken der ganzen Reihe und vor allem zu einem Heidenlärm mitten in der Nacht – wobei das kein Problem war, unsere Nachbarn in 250 Kilometer Entfernung hatten wohl kaum Grund, sich darüber zu beschweren.

Da die Bilder der Neumayer-Webcam nur stündlich ins Internet geladen werden, mussten wir den Zeitpunkt ganz genau abpassen – sonst hätten wir ein recht seltsames Bild abgegeben.

Nachdem wir diesen Auftritt mit Bravour gemeistert hatten, lieferten wir uns noch eine Schneeballschlacht und wälzten uns lachend im Schnee herum.

Anfang Mai machten wir an einem zwar kalten, aber sehr windstillen Tag einen Ausflug zur Schelfeiskante, um nachzusehen, ob die Meereisdecke schon geschlossen war.

Wie schon erwähnt, war das Meereis zu dem Zeitpunkt noch zum Befahren gesperrt, und da die Temperaturen in den letzten Tagen und Wochen sehr niedrig waren, hatten wir die Hoffnung, dass es bald von Charly wieder freigegeben würde. Außerdem wollten wir nach Pinguinen Ausschau halten. Die Balzsaison der Kaiserpinguine hatte schon begonnen, und langsam müsste sich die Kolonie auf dem Meereis wieder gebildet haben. Die Tiere kehren jedes Jahr dorthin zurück, um sich zu paaren, Eier zu legen und anschließend zu brüten.

Die Paarungszeit der Pinguine beginnt etwa im April. Ende Mai beziehungsweise Anfang Juni legen die Weibchen jeweils ein etwa 450 Gramm schweres Ei, das an die Männchen weitergegeben wird. Diese brüten bis zum Schlüpfen der Jungtiere Mitte Juli, während die Weibchen ins Meer zurückkehren, um Nahrung zu suchen. Nach dem Schlüpfen bleiben die Küken noch längere Zeit vor der Kälte gechützt in der Bauchfalte. Erst im September ist ihr Federkleid wärmend genug, um die Bauchfalte zu verlassen. Irgendwann im Dezember beginnt sich die Kolonie dann aufzulösen.

Als wir an der Eiskante ankamen, konnten wir auch weit draußen kein freies Wasser mehr entdecken, die Meereisdecke war also – soweit wir es nach dieser visuellen Kontrolle beurteilen konnten – schon geschlossen, und wir freuten uns, dass wir wohl bald die Pinguine wieder besuchen konnten.

Wir warteten und warteten und wollten die Hoffnung nicht aufgeben, dass wir nicht vielleicht doch noch ein paar Pinguine zu Gesicht kriegen würden. Nach angestrengtem Suchen erspähten wir weit von uns letztendlich fünf Kaiserpinguine, die sich teils auf dem Bauch rutschend, teils langsam watschelnd fortbewegten. Mehr hatte uns die antarktische Fauna an diesem Nachmittag leider nicht zu bieten, und wir machten uns etwas durchgefroren auf den Rückweg.

In den ersten Maitagen hatte ich den Eindruck, wir wären noch im April – normalerweise wird diesem Monat ja nachgesagt, dass er macht, was er will: Am ersten Wochenende erreichten wir frühlingshafte minus sieben Grad, und ich vermutete schon, dass wir mit unserem Tanz in den Mai so viel Eindruck geschunden hatten, dass es wirklich Sommer werden würde. Allerdings lag die Temperatur bald schon wieder bei minus dreißig Grad – ein Temperatursprung um dreiundzwanzig Grad in nur zwei Tagen.

Die Meteorologie hat eine Satellitenbildanlage zur Verfügung, mit der Bilder der Atka-Bucht empfangen werden können. Anhand dieser Bilder machte Claudia auch die tägliche Wettervorhersage, die vor allem für die Techniker, die viel draußen arbeiteten und entscheiden mussten, ob die Rampe geöffnet werden konnte oder nicht, sehr wichtig war.

Claudia erklärte mir anhand von Satellitenbildern – die für mich als Laien ähnlich aussagekräftig waren wie ein Ultraschallbild –, wo dieser abrupte Temperaturumschwung herrührte: Nordöstlich von uns hatte sich eine Tiefdruckrinne ausgebildet, die warme Luftmassen vom Ozean zu uns transportierte. Als der Wind auf Süd drehte, wurde kältere Luft vom Kontinentinneren, wo es zu dem Zeitpunkt etwa minus fünfzig Grad hatte, in unsere Richtung bewegt.

Allgemein war an Neumayer der Süd- bzw. der Südwestwind der »gemeinste«. Die Temperaturen mussten gar nicht so niedrig sein, aber wenn Südwind kam, half oft auch die beste Gesichtsmaske nichts mehr, denn der Wind war so beißend kalt, dass er einem nicht nur die Tränen in die Augen trieb, sondern auch schnell zu leichten Erfrierungen führte.

Der Südwind hatte aber auch positive Nebeneffekte: Manchmal bildete sich Seerauch aus, der durch die Bewegung der kalten Luft über offenen Stellen im Meereis entstand. Die Brechung des Sonnenlichts am Nebel bzw. den kleinen Eiskristallen in der Luft führte zu verschiedenen Sonnenerscheinungen, und wir konnten Nebensonnen, Sonnenhalos (eine Art runder Regenbogen um die Sonne) und Sonnenkoronas bestaunen.

Zu dieser Zeit wurden wir auch täglich mit wunderschönen Dämmerungen, Sonnenunter- und -aufgängen verwöhnt. Und der Vorteil war, dass wir, um diese Schauspiele zu sehen, nicht einmal mehr früh aufstehen mussten: Wir hatten nur noch vier Sonnenstunden pro Tag, die Sonne ging um etwa halb elf auf – also kurz vor der Kaffeepause, und um etwa halb drei wieder unter. Wirklich Dunkelheit herrschte allerdings nur in der Zeit zwei Stunden nach Sonnenuntergang und zwei Stunden vor Sonnenaufgang. Die Sonne lief sehr schräg über den Horizont, so dass das Dämmerungslicht uns lange erhalten blieb, auch wenn sie noch nicht oder nicht mehr direkt zu sehen war.

Mitte Mai wurde die Rampe wieder kurzzeitig geöffnet, damit wir die Möglichkeit hatten, wichtige Außenarbeiten zu erledigen.

Karin musste zu ihrem Pegelfeld, das etwa fünfzehn Kilometer von der Station entfernt liegt, an dem sie in regelmäßigen Abständen Schneehöhenmessungen durchführte. Anhand dieser Daten kann der Schneezutrag rund um die Station bestimmt und mit den Zuträgen der vorangegangenen Jahre verglichen werden, um herauszufinden, ob es zu Schwankungen gekommen ist.

Mirko und Charly machten sich auf den Weg nach Palaoa, der Walhorchstation, da dort wieder Probleme mit der Energieversorgung aufgetreten waren, und Chris, Mike und ich fuhren zur Infraschallmessanlage, die etwa drei Kilometer von der Station entfernt liegt.

Monatlich führten wir eine Kontrollfahrt zu dieser Anlage durch, um die Abspannungen und den allgemeinen Zustand der einzelnen neun Array-Elemente der Station zu überprüfen.

Als wir am frühen Nachmittag mit den Skidoos aus der Fahrzeughalle nach oben fuhren, hatte sich das Wetter verschlechtert. Wir beschlossen trotzdem, die Kontrollfahrt nach Möglichkeit durchzuführen, da nicht sicher war, wann das Wetter für eine solche Ausfahrt wieder gut genug sein würde, und es auch Zeit für eine Schneehöhenmessung war.

An der Infraschallstation werden mit hochempfindlichen Mikrobarometern (Druckmessgeräten), die auf einem Gebiet von etwa zwei Kilometer Durchmesser verteilt sind, tieffrequente Schallwellen in der Luft registriert. Solche Signale entstehen unter anderem bei überirdischen Atombombenexplosionen und breiten sich über Tausende von Kilometern aus.

Die Messanlage ist Teil eines Netzwerks von weltweit sechzig Infraschallstationen, das zur Überwachung des Atomwaffenteststoppvertrags CTBT (Comprehensiv Nuclear-Test-Ban-Treaty) dient. Es wird von der BGR (Bundesanstalt für Geowissenschaften und Rohstoffe) in Hannover betrieben.

Unsere Aufgabe war es, die Stationen rund um die Uhr am Laufen zu halten. Wäre eine der neun Messstationen ausgefallen, so hätten wir sofort die notwendigen Reparaturen durchführen müssen. Um diese hohe Zuverlässigkeit der Datenerfassung zu gewährleisten, gehörte es auch zu unseren monatlichen Routinen, die Abspannungen der Antennenmasten und den Gesamtzustand der neun Einzelstationen zu überprüfen. Des Weiteren wurde auch an den Stationen alle drei Monate eine Schneehöhenmessung durchgeführt.

Als wir an der Zentralstation ankamen, war die Sicht schon sehr schlecht, aber wir konnten immerhin die Beflaggung der Stationen noch erkennen. Nach der Schneehöhenmessung und der Kontrolle der Abspannungen fuhren wir weiter zur nächsten Station.

Nach ungefähr einer dreiviertel Stunde beschlossen wir, aufzugeben. Zur schlechten Sicht war starkes Schneetreiben und vor allem ein Whiteout gekommen – und für uns hieß das, möglichst schnell zur Station zurückzukehren.

Ein Whiteout ist ein für Polargebiete und Hochgebirge typisches Phänomen. Es entsteht durch die diffuse Reflexion des Sonnenlichts am Schnee in der Luft und am schneebedeckten Boden und führt zu einer starken Kontrastverringerung. Dieses Phänomen ist, wenn man es nicht selbst erlebt hat, schwer vorstellbar. Am besten zu beschreiben ist es wohl mit dem Gefühl, sich orientierungslos in einem unendlich großen, leeren Raum zu bewegen.

In unserer Situation bedeutete das, dass der Horizont verschwand und keinerlei Schatten oder Konturen mehr zu erkennen waren. Selbst das knallige Rot der Polaranzüge wirkte gräulich, da die Farben richtiggehend »verschluckt« wurden. Das Einzige, was ich in diesem Moment wirklich sicher wusste, war – dank der Schwerkraft –, wo oben und unten war.

Mir kam Michael Endes Nichts aus der unendlichen Geschichte in den Sinn, und ich fand dieses Wetterphänomen fast genauso bedrohlich wie ich jenes Nichts als Kind beim Lesen des Buches empfunden hatte.

Zu Standardausrüstung bei Fahrten zu Außenstationen gehörte immer mindestens ein GPS. Ich hatte kein GPS an meinem Skidoo, und so musste ich mich voll und ganz auf Chris und Mike verlassen. Ich fühlte mich hilflos und ausgeliefert – hätte ich doch wenigstens die Anzeige des GPS vor mir gesehen – aber so fuhr ich orientierungslos hinter Chris und Mike her und war fast hundertprozentig sicher, dass wir in die falsche Richtung fuhren.

Ich war wirklich sehr froh, als wir endlich – entgegen meinen Befürchtungen – die Station erreichten.

15

Die Polarnacht beginnt

Am 24. Mai begann für uns die Polarnacht – die Sonne hatte ein letztes Mal über den Horizont gelugt und würde uns jetzt bis zum 20. Juli verlassen, das heißt, wir würden bis dahin keine direkte Sonneneinstrahlung mehr haben.

Einerseits freute ich mich, denn es war ein sicheres Zeichen dafür, dass die Zeit verging, aber andererseits hatte ich auch ein mulmiges Gefühl. Nach all den Schauergeschichten, die ich über die Polarnacht gehört hatte, von tiefster Dunkelheit und schweren Depressionen bei denen, die ihr »ausgeliefert« waren, war ich gespannt, wie ich diese Zeit hinter mich bringen würde. An dieser Stelle möchte ich gleich mit dem größten Vorurteil aufräumen, nämlich dass während der Polarnacht absolute Dunkelheit herrscht. Gerade jetzt, am Anfang, waren die Dämmerungen immer noch etwa drei bis vier Stunden lang, und wenn das Wetter gut war, konnte man bei dieser Beleuchtung gut draußen ohne Stirnlampe unterwegs sein.

Mein erstes, aber auch einziges etwas unangenehmes Erlebnis mit der Dunkelheit hatte ich gleich zu Beginn der Polarnacht. Ich hatte eine DI-Messung durchgeführt, und da Vollmond und der Himmel relativ klar war, hatte ich meine Stirnlampe in der Station gelassen.

Während des Winters ging ich – wenn es nur irgend möglich war – meist ohne Stirnlampe nach draußen, da das fahle Licht der

Sterne und des Mondes bei klarem Himmel ausreichten, um sich gut orientieren zu können. Außerdem liebte ich den Anblick des unendlich erscheinenden Sternenhimmels. Ich hatte noch nie in meinem Leben so hell funkelnde Sterne gesehen, was wohl vor allem darauf zurückzuführen war, dass es im Umkreis von 250 Kilometer keinerlei Lichtverschmutzung gab. Hatte ich allerdings eine Stirnlampe auf, so war der beleuchtete Schnee grell, alles außerhalb dieses Bereichs für meine Augen die pechschwärzeste Nacht, und ich hatte Mühe, die Sterne am Himmel zu erkennen.

Nach der DI-Messung wollte ich noch eine Speichereinheit, auf der kontinuierlich gemessene Temperaturdaten aus verschiedenen Tiefen des Schelfeises geschrieben werden, aus dem alten Seismikobservatorium holen. In diesem Observatorium, das vom Prinzip her gleich gebaut ist wie das Magobs – also fünfzehn Meter unter Eis und nur durch einen Schacht mit einer Leiter zu erreichen – wurden früher seismische Messungen durchgeführt. Seit Jahren diente es jetzt aber nur noch als Kabelverteilung, und wir gingen einmal im Monat dort hinunter, um die oben erwähnte Speichereinheit zu tauschen.

Ich ging zu dem Schacht, kletterte über die außen anliegende Leiter nach oben und öffnete den Deckel. Es war mir noch nie aufgefallen, dass die Beleuchtung des Schachts defekt war – wohl weil es die letzten Male beim Tausch der Speichereinheit draußen noch so hell war, dass es mich nicht weiter gestört hatte. Ich stand vor diesem pechschwarzen Loch und kämpfte gegen meinen inneren Schweinehund.

Ich beschloss, zurück in den IS-Container zu gehen, um mir eine der dort normalerweise für den Notfall gelagerten Stirnlampen zu holen. Nach erfolgloser Suche stand ich mit einer Taschenlampe wieder am Schacht und leuchtete mit klopfendem Herzen nach unten, aber der Strahl der Lampe wurde von der undurchsichtigen Schwärze fast gänzlich verschluckt. Der Plan mit der Taschenlampe war auch deswegen nicht besonders gut, weil ich für den Abstieg, für den ich beide Hände bräuchte, die Lampe in die Tasche stecken und im Dunkeln nach unten klettern müsste und sie so erst unten anknipsen könnte.

Ich wurde fast sauer auf mich, denn obwohl ich wollte, konnte ich nicht in diesen Schacht steigen. Irgendeine unbegründete

Angst vor dem, was mich da unten erwarten würde, hielt mich zurück.

Nach ungefähr einer Viertelstunde, die ich auf dem Rand des Schachts mit mir rang, beschloss ich zu kapitulieren und zurückzugehen. Im IS-Container funkte ich Chris, dass wir die Speichereinheit ein anderes Mal wechseln müssten – schnell mischten sich noch andere ein und bestätigten mich in meiner Entscheidung: Was ich in der Beschämung über meine Feigheit nicht gesehen hatte, war, dass dieser unbeleuchtete Abstieg auch ein großes Gefahrenpozential barg: Einmal danebengegriffen, schon wäre ich böse gestürzt.

Und ein zweites Mal kam ich zum Glück nicht in die unangenehme Lage, in ein schwarzes Loch absteigen zu müssen, denn schon ein paar Tage später reparierte Micha die Beleuchtung des Schachts.

Anfang Juni feierten wir unser Halbjähriges an der Station. Wir hatten das Fest auf einen Sonntag gelegt, und auch wenn sich dieser Sonntag nicht viel von den anderen Sonntagen unterschied, so wurde mir an dem Abend doch besonders bewusst, wie schnell die Zeit vergangen war. Und vor allem, wie sehr ich mich an meine Umgebung gewöhnt hatte – jetzt lebte ich seit einem halben Jahr in einem Röhrensystem zwölf Meter unter dem Eis, und es kam mir völlig normal vor.

Das frische Obst und Gemüse war mittlerweile fast ganz aufgebraucht: Auf dem Frühstücksbuffet stand noch ein kleines Schälchen Marmelade, das Mike aus den letzten Möhren gekocht hatte, und an diesem Abend verzehrten wir die letzten Äpfel. Die Äpfel waren schon etwas verschrumpelt, aber als Bratäpfel taten sie noch gute Dienste, und in dem Bewusstsein, dass es das letzte »frische« Obst bis November war, schmeckten sie mir ganz besonders gut.

Wie immer an Sonntagen, kam auch an diesem Abend ein großes Menü auf den Tisch – wie schon erwähnt, gab es während des gesamten Winters ein spezielles Sonntagsprogramm, das wir uns geschaffen hatten, um die Woche etwas zu strukturieren.

Die »normalen« Wochentage liefen alle nach demselben Muster ab: Wir frühstückten um halb neun, um elf Cappuccino-Pause, um 13 Uhr Mittagessen. Danach machten viele von uns, wenn die Arbeit es zuließ, einen kurzen Mittagsschlaf oder beschäftigten sich ein Stündchen mit Privatdingen, um 15 Uhr war die Tee-Pause und um 19 Uhr Abendessen.

Sonntags wurde später als normal gefrühstückt, und wir ließen uns mehr Zeit als sonst – oft saßen wir länger als eine Stunde zusammen. Ausnahmsweise durften Mike und ich unsere »Nach-dem-Frühstück-Zigarette« in der Messe rauchen, und keiner wollte so recht an die Arbeit gehen. Diese Trägheit konnten wir uns auch leisten, da wir durch den sonntäglichen Ausfall des Mittagessens eine Stunde gewannen.

Irgendwann raffte sich einer nach dem anderen dann doch auf, und wir fingen mit unseren täglichen Routinen an. Immerhin stand schon bald das nächste feste »gesellschaftliche« Ereignis auf dem Programm: Um 15 Uhr hatte Mike meist etwas zum Kaffee vorbereitet, manchmal hatte auch eine von uns Frauen Kuchen gebacken, und wir versammelten uns wieder in der Messe. Ich hatte von meiner Mutter DVD-Sammlungen bekommen, eine davon mit »Löwenzahn«- und eine mit »Superman«-Folgen. Es bürgerte sich ein, dass wir jeden Sonntag um halb vier eine Folge »Löwenzahn« schauten. Als wir die gesamten Folgen gesehen und viel über Maulwürfe, Eidechsen und die Kanalisation in Bärstadt gelernt hatten, wechselten wir das Programm: jeden Sonntag, 15.30 Uhr eine Folge Superman. Anfangs waren meist alle noch beim sonntäglichen Serie-Gucken anwesend, aber später blieb nur die harte Fangemeinde, bestehend aus Mike, Chris, Mirko und mir, erhalten. Die anderen schauten zwar vorbei und setzten sich auch ab und zu noch einmal dazu, aber so wie »früher« bei den Anfangszeiten von »Löwenzahn«, als wir zu neunt unter den zwanzig Jahre alten braunen, rosa und lila Decken auf dem Sofa aufgereiht saßen wie die Hühner auf der Stange, wurde es nie wieder.

Mike hatte meist am Vormittag schon viel für das abendliche Menü vorbereitet, und nach dem Film ging er oft direkt wieder in die Küche. Schon in der Sommersaison hatte ich ihn gefragt, ob er mir vielleicht einen Kochkurs geben würde, und so arbeitete ich anfangs am Sonntag immer in der Küche und lernte jede Menge über das Kochhandwerk. Ich bin auch heute noch sehr stolz auf meinen »Küchenjungenprobierlöffel« – einen Teelöffel, in dessen Griff René ein Loch gebohrt hatte, so dass man ihn mit einer Schnur an seiner Schürze befestigen konnte. Als ich mich durch das Schneiden von Rotkraut und Zwiebeln und anderen »niederen« Arbeiten bewährt hatte, wurde er mir von Mike feierlich überreicht.

Irgendwann machte Mike den Vorschlag – auch um den Speiseplan etwas aufzulockern – aus der Heimat jedes Überwinterers ein typisches Sonntagsmenü zu kochen. Ich fing an mit bayerischem Schweinebraten in Braunbiersoße mit Kässpätzle, und die anderen folgten. Derjenige, dessen »Lieblingsheimatessen« auf dem Speiseplan stand, half dann auch mit in der Küche.

Nach neun Wochen war es dann natürlich schon so weit: Wir hatten uns durch unsere heimatlichen Spezialitäten durchgefuttert. Es musste ein anderer Plan her. Wir entschieden uns für eine kulinarische Deutschlandreise: die restlichen Bundesländer wurden auf Lose geschrieben, und jeder zog ein Bundesland. Stand dann der Sonntag des betreffenden Bundeslands vor der Tür, so musste man sich über die kulinarischen Spezialitäten dieses Landes schlaumachen – in meinem Fall zum Beispiel Sachsen-Anhalt, über dessen Küche ich nichts wusste –, mit Mike den Menüplan absprechen und am nächsten Tag mit in der Küche stehen.

Abends beim Essen war der Rahmen auch immer sehr festlich, der Tisch mit Tellern, Wein- und Wassergläsern gedeckt, Kerzen in der Mitte und als i-Tüpfelchen kunstvoll gefaltete Stoffservietten. Meist gab es vor dem Essen einen kleinen Aperitif, anschließend eine Suppe oder aber auch je nach Menüplan einen anderen »Appetizer«, dann den Hauptgang und anschließend ein Dessert. Meist erzählte der »Zuständige« noch etwas über die Gerichte, woher die Namen kamen, wie sie zubereitet wurden und manchmal – wenn es nicht ohne weiteres zu erkennen war – auch, was sie eigentlich enthielten.

Diese Sonntage haben für mich im Rückblick auf die Überwinterung eine ganz spezielle Bedeutung. Im Alltag daheim ist man schon dadurch in Sonntagsstimmung, dass keine Läden oder Ämter geöffnet sind und alles etwas langsamer und ruhiger vor sich geht. Auf Neumayer hingegen mussten wir jeden Tag arbeiten, und auch an normalen Wochentagen gab es keine Läden, die hätten offen haben können – so gesehen war es ein Tag wie jeder andere auch, und um den Sonntag aus dieser immer gleichen Reihe von Tagen herauszuheben, mussten wir schon selbst die Initiative ergreifen, was uns meiner Meinung nach auch gut gelungen ist.

Als wollte uns die Polarnacht beweisen, wie hart sie sein würde, unterschritten wir schon am ersten Sonntag nach ihrem Beginn die Minus-vierzig-Grad-Marke. Mitte Juni brausten Stürme mit Orkanstärke über die Station. Der Wind erreichte Spitzengeschwindigkeiten von vierundsiebzig Knoten (entspricht 140 km/h). Durch die starke Drift und den vielen Schnee in der Luft war es gefährlich, nach draußen zu gehen, und Claudia sprach die Empfehlung aus, die Station nicht zu verlassen.

Chris und ich gingen aber wenigstens den Treppenturm hoch und wagten einen Blick nach draußen. Als wir gegen den Unterdruck, den der vorbeirasende Wind erzeugte, die Tür aufgestemmt hatten, blickten wir auf eine Wand aus waagerecht am Turm vorbeifliegenden Schnee.

Wie schon erwähnt, wird auf dem Messemonitor die Außentemperatur angezeigt, und ich ging nie nach draußen, ohne einen kurzen Blick auf die gefühlte Temperatur zu werfen. Zwischen Windchill und Temperatur können gerade bei niedrigeren Temperaturen schnell über zwanzig Grad Unterschied bestehen: Bei einer Temperatur von minus neunundzwanzig Grad und einer Windgeschwindigkeit von nur dreizehn Knoten (also 24 km/h, eine schnellere Radfahrgeschwindigkeit) lag der Windchill schon

bei minus dreiundvierzig Grad – und das macht bei der Wahl der Kleidung einen großen Unterschied.

Im Inneren der Station merkten wir normalerweise nichts von dem, was da oben wütete und tobte, aber bei diesem Sturm konnten wir sogar hören, wie die Orkanböen an den überirdischen Lüftungsrohren rissen.

Als das Wetter sich ein paar Tage später beruhigte, und wir wieder nach draußen konnten, bot sich uns ein märchenhafter Anblick. Der Sturm hatte allen lockeren Schnee davongetragen, und zurückgeblieben war ein harter, bläulich erscheinender Untergrund, der mit einem wunderschönen, wattähnlichen Muster überzogen war.

Um sich dieses Stürmen besser vorstellen zu können, hilft vielleicht folgender Vergleich: Jeder kennt das Gefühl, wenn man auf der Autobahn bei 140 km/h die Hand aus dem Fenster hält – und die Kraft, mit welcher die Hand nach hinten gedrückt wird. Und nun stelle man sich vor, dass man nicht nur die Hand aus dem Fenster hält, sondern bei starkem Schneefall auf dem Dach des 140 km/h fahrenden Autos steht oder gar zu laufen versucht.

Es kommt noch hinzu, dass der Wind auch einen starken Einfluss auf den sogenannten Windchill-Index hat. Der Windchill-Index ist eine Abkühlungsgröße, mit der der aus Lufttemperatur und Windgeschwindigkeit ermittelte turbulente Wärmeentzug beschrieben wird. Hieraus wird die Windchill-Äquivalenttemperatur berechnet, die sogenannte gefühlte Temperatur. Dieses Verfahren wurde entwickelt, um einen Indikator für die windabhängige Bildung von Frostbeulen in antarktischer und arktischer Umgebung zu haben.

16

Besuche bei den Pinguinen – und ein Grund zum Feiern

Das Wetter blieb zum Glück ein paar Tage stabil, und so konnten Charly und René die schon sehnsüchtig erwartete Meereiserkundung starten. Sie machten zehn Meereisbohrungen und stellten fest, dass die Eisdecke bereits mehr als einen Meter dick war – also mit der nötigen Vorsicht befahrbar.

Seit Mitte Januar, also seit das Meereis gesperrt worden war, war unser Aktionskreis, was Ausflüge anging, recht eingeschränkt gewesen, und gerade für die Freizeitgestaltung bedeutete es einen hundertprozentigen Zugewinn, wieder auf dem Meereis unterwegs sein zu dürfen – vor allem, da wir die Kaiserpinguine schon lange nicht mehr gesehen hatten.

Die Kolonie auf dem Meereis musste sich wie jedes Jahr um diese Zeit zur Eiablage und zum Brüten schon wieder gebildet haben, und ich freute mich riesig auf unseren ersten Ausflug zur Kolonie.

Endlich, Mitte Juni, machten wir den lang erwarteten Ausflug. Ich war ergriffen, das erste Mal wieder andere Lebewesen als meine acht Kollegen in meiner Nähe zu sehen!

Wir gingen einmal um die Kolonie herum, und sie kam mir viel beeindruckender vor als im Sommer. Das Erlebnis war – wahrscheinlich durch den Mangel an anderen Erlebnissen – sehr viel intensiver; vielleicht auch durch das Bewusstsein, dass außer uns

neun in den nächsten Monaten niemand zu dieser Kolonie kommen würde. Hinzu kam die atemberaubende Beleuchtung – wir hatten die Dämmerungsstunden ausgenutzt, und so war alles in ein warmes rosa Licht getaucht.

Wir konnten bei mehreren Tieren erkennen, dass sie schon ein Ei unter der Bauchfalte auf ihren Füßen trugen. Auch wenn wir die Eier nicht direkt sahen, war es doch nicht schwierig, die werdenden Väter zu entlarven: sie bewegten sich nicht mit dem typischen Pinguin-Watschelgang, sondern liefen sehr vorsichtig oder standen schon in dichtgedrängten Gruppen zusammen. Die Männchen übernehmen das Ei nach der Ablage und brüten es während der Wintermonate aus, während die Weibchen ins Meer zurückkehren, um Nahrung für sich und die im Frühjahr schlüpfenden Jungen zu suchen.

Während der Brutzeit sind die Pinguine heftigen Stürmen und Temperaturen bis zu minus fünfzig Grad ausgesetzt, daher bilden sie sogenannte Huddles. Das heißt, sie stehen sehr eng zusam-

men, um sich gegenseitig vor Sturm und Kälte zu schützen. Die Tiere wandern von außen nach innen, so dass jedes Tier gleich vom Huddle profitiert – und von Zeit zu Zeit in der wohlig warmen Mitte des Huddles steht, in dessen Innerem trotz der eisigen Temperaturen sogar Plusgrade erreicht werden.

Als wir ungefähr die halbe Kolonie umrundet hatten, lösten sich etwa vierzig Tiere, die wohl noch Junggesellen waren, aus der Gruppe und verfolgten uns beharrlich etwa hundert Meter weit, was mir (in Erinnerung an Hitchcocks »Vögel«) fast ein bisschen gruselig schien. Anscheinend sahen sie in uns potentielle Partnerinnen und stießen während ihrer Verfolgung in einem fort das für die Kaiserpinguine charakteristische Tröten aus.

Als wir uns auf den Rückweg machten, sahen wir, dass gerade ein paar Pinguine dabei waren, eingehend unsere Skidoos zu beäugen. Wir lachten – etwas in der Art musste ja passieren, schließlich waren fast nur noch Männchen an der Kolonie!

Die Pinguine kennen fast keine Scheu vor Menschen oder dem »Zubehör«, da sie an Land keine natürlichen Feinde haben. So konnte es schon manchmal passieren, dass einzelne Pinguine die vom Umweltbundesamt vorgeschriebenen fünf Meter Sicherheitsabstand nicht einhielten und sich hinterrücks anschlichen.

Am 21. Juni stand der höchste antarktische Feiertag vor der Tür – das Mittwinterfest.

An diesem Tag erreichte die Sonne von uns aus gesehen den tiefsten Punkt hinter dem Horizont (maximale Deklination) und somit die geringste Mittagshöhe. Aufgrund der Neigung der Erdachse gegen die Sonne (Ekliptik) tritt dieser Zustand zweimal im Jahr auf, einmal nördlich und einmal südlich des Himmelsäquators. Die Sonne steht dann senkrecht über den sogenannten Wendekreisen der Erde. Am 21. Juni also steht sie über dem nördlichen Wendekreis. Salopp gesagt: An diesem Tag drehte die Sonne um, und anstatt sich immer weiter von uns zu entfernen, machte sie sich wieder auf den Rückweg. In etwa drei Wochen würden wir schon wieder den ersten Sonnenaufgang erleben!

Das Mittwinterfest entspricht in etwa der Mittsommernacht im Norden – das Spezielle ist jedoch, dass es weltweit der einzige Feiertag ist, der von den Bewohnern eines ganzen Kontinents begangen wird. Relativierend muss ich natürlich dazusagen, dass die Bevölkerungsdichte der Antarktis nicht besonders hoch ist.

Auf allen Stationen zusammen überwintern insgesamt nur knapp 1000 Personen, und damit liegt die Bevölkerungsdichte bei nur 0,0001 Einwohnern pro Quadratkilometer. Zum Vergleich: Die Einwohnerdichte Deutschlands beträgt über 200 Einwohner pro Quadratkilometer. Im Winter sind etwa vierzig Antarktisstationen bewohnt, von denen sich etwa die Hälfte auf dem antarktischen Kontinent befindet, der Rest auf der antarktischen Halbinsel und den umliegenden Inseln. Im Sommer sind ungefähr siebzig Stationen besetzt, wodurch sich die Einwohnerzahl mehr als verdoppelt.

Wir hatten während unserer Überwinterung relativ wenig Kontakt zu unseren »Leidensgenossen« – also diesen etwa 1000 Menschen, die sich in derselben Situation befanden wie wir. Zu Mittwinter allerdings ist es üblich, dass man per E-Mail Grußkarten an die anderen Stationen sendet.

Schon Tage vor dem eigentlichen Fest erreichten uns zahlreiche Einladungen zu den Mittwinter-Diners verschiedener Polarstationen. Natürlich ist es – wie auch alle wissen – unmöglich, zu einer dieser Feiern zu gelangen, aber es ist eine scherzhafte Geste der Verbundenheit, diese Grußkarten zu verschicken. Charly druckte alle Einladungen, die wir erhalten hatten, aus, und hängte sie im Raucherraum auf. Meist waren Bilder der Station und ein Gruppenbild der Überwinterungsmannschaft beigefügt. Natürlich wurden die anderen Überwinterer von uns neugierig bis kritisch beäugt, und die Mittwintergrüße sorgten in unserer isolierten kleinen Welt für mächtig viel Gesprächsstoff.

In den Tagen vor der Mittwinterfeier hatten wir viel zu tun. Es ist eine Art Ritual, dass zu diesem Datum die Wegweiser nach zu Hause fertig sein sollten, die dann anschließend an einen eigens dafür vorgesehenen Mast befestigt werden. Erst einmal musste ich herausfinden, wie weit ich genau von Augsburg entfernt war – es waren 13 288 Kilometer –, und anschließend noch das Schild einigermaßen künstlerisch gestalten. In der Werkstatt war Hochbetrieb, alle sägten und malten an ihren Wegweisern – wir wollten am 21. mit unseren Schildern ein Foto vor der Webcam machen und so unsere Mittwintergrüße in die Heimat senden.

Dann war der langersehnte Tag endlich da. Die Polarnacht war zur Hälfte geschafft, und Mittwinter war für uns das »Bergfest« der Überwinterung – auch wenn es nicht exakt die Mitte unseres Aufenthalts auf Neumayer war. Und wir feierten groß: Bei insgesamt fünfzehn Monaten auf der Station konnten wir nach mehr als sieben Monaten bereits auf eine Menge Erlebnisse und gemeisterte Herausforderungen zurückblicken und uns gleichzeitig auf das, was uns noch erwartete, freuen.

Am Abend wurde feierlich eine Kiste mit Pfälzer Wein geöffnet, die uns von der Struktur- und Genehmigungsdirektion Süd in der Pfalz geschenkt worden war. Diese Kiste war natürlich bereits im Februar mit der »Polarstern« hier angekommen, aber es war der ausdrückliche Wunsch der edlen Spender, dass sie erst an Mittwinter geöffnet werden sollte.

Die Messe war für eine Party geschmückt, Karin hatte mit Helium gefüllte Luftballons an die Stühle gebunden, und auf der Anrichte war ein üppiges Buffet aufgebaut. Nachdem wir alle gegessen und dazu den guten Wein getrunken hatten, wurde die Leinwand heruntergelassen, denn zur Feier des Tages wollten wir

Karaoke singen. Ich hatte auf meinem Laptop ein entsprechendes Programm und vorsorglich in Deutschland ein Mikrofon besorgt, so dass wir perfekt ausgerüstet waren – und durch die Übertra-

gung auf die Leinwand wirkte das Ganze richtig professionell. Ich war zunächst ein wenig aufgeregt, als ich das erste Mal mit dem Mikrofon in der Hand dastand und singen sollte beziehungsweise wollte. Aber je weiter der Abend fortschritt, desto enthemmter wurden wir alle, nur Micha, Claudia und Karin wollten nicht so recht mitsingen, aber wir brauchten ja schließlich auch Publikum, und für sie war es bestimmt ein fes-

selnder Abend – die Spannung, ob wohl der nächste Ton getroffen werden würde, war sehr hoch!

Um 24 Uhr gingen wir nach oben, um Fackeln zu entzünden. Wir standen im Kreis um unser »Freudenfeuer«, das die schwarze Nacht in ein seltsam rotes Licht tauchte, und ich war in diesem Moment sehr ergriffen.

Nach Mittwinter hatte ich das Gefühl, dass die Polarnacht schon fast vorbei wäre – das Wetter war sehr gut, wir hatten Vollmond und nicht einmal in der Nacht wurde es mehr richtig dunkel, so dass man durch die Helligkeit des Mondes die Sterne kaum erkennen konnte.

Wir nutzten die günstige Wetterlage aus und machten noch

einen Ausflug zu den Pinguinen. Der Anblick der Kolonie raubte mir fast den Atem. Über den eng aneinandergedrängten Tieren schwebte im Süden der riesige Mond vor einem rosa Hintergrund, während der Himmel im Norden durch die Dämmerung glutrot gefärbt war.

Die Eisberge, der Schnee und selbst die weißen Bäuche der Pinguine waren pastellfarben. Nur die schneidende Kälte verhinderte, dass es so kitschig wirkte, dass man es kaum aushalten konnte!

Die Form der Kolonie hatte sich geändert. Beim letzten Besuch waren es zwei große Gruppen gewesen, jetzt aber standen die Tiere in mehreren kleineren Gruppen beisammen. Zwischen diesen Gruppen gab es wahre Völkerwanderungen, meist in einer Reihe sah man die Väter mit winzigen behutsamen Trippelschrittchen zu einer der anderen Gruppen laufen. Bei den Anfang Juli vorherrschenden Temperaturen von etwa minus fünfundzwanzig bis minus dreißig Grad wäre ein Ei, das dem Vater aus Unachtsamkeit aus der Bauchfalte rutscht und zu Boden fällt, zur weiteren

Brut verloren. Wir fanden auch viele gefrorene und geplatzte Eier, die entweder den Balanceakt der Übergabe zwischen Weibchen und Männchen nicht überstanden hatten oder dem Vater von den Füßen gerollt waren. Die Kolonie schien sich auch nicht nur in kleinere Grüppchen aufgeteilt zu haben, sondern auch im Ganzen etwas umgezogen zu sein: Der Schnee wies an den Stellen, wo zuletzt die Huddles gestanden hatten, ein seltsames Mulden- und Kotmuster auf. Bei dem Anblick der Exkremente war ich froh darüber, dass wir minus dreißig und nicht plus dreißig Grad hatten – sonst wäre der Gestank wohl nicht auszuhalten gewesen.

Kurz bevor wir zurückfuhren, hatten wir das Glück, die Auswirkungen der warmen Temperaturen in einem der kleineren Huddles sehen zu können. Die sonst unbeweglich ausharrenden Tiere reckten ihre Hälse nach oben, flatterten mit den Flügeln und wechselten die Plätze, was dazu führte, dass richtige Dunstwolken aus dem Huddle aufstiegen.

17

Ballonflüge und Polarlichter

Das gute Wetter blieb uns fast zwei Wochen erhalten, allerdings wurde es aufgrund des klaren Himmels und der fehlenden »Wolkenisolierschicht« frostig kalt, die Tagesmitteltemperatur der ersten Juliwoche lag unter minus fünfunddreißig Grad.

Da das Wetter so schön war und ich mal wieder einen Vorwand brauchte, um meine müden Knochen den Treppenturm hinaufzubewegen, begleitete ich Claudia und Mike zur Ballonhalle. Claudia ließ von dort aus täglich um etwa 10.30 Uhr eine Radiosonde steigen und wurde meist von Micha oder Mike begleitet. Je nach Wetterbedingungen konnte eine helfende Hand nicht schaden, und bei schönem Wetter war es besonders für Mike, dessen Arbeitsplatz sonst ausschließlich in der Röhre war, ein willkommener Anlass, um wenigstens einmal pro Tag an die Oberfläche zu kommen.

Der Ballon wurde schon in der Station vorbereitet – das heißt gebadet und vorgewärmt. Gerade im Winter war das notwendig, da in der Atmosphäre Temperaturen um die minus neunzig Grad herrschten. Das Ballonmaterial wird durch diese Vorbehandlung geschmeidiger und damit belastbarer gemacht und so die Aufstiegshöhe des Ballons maximiert. Im Winter sah man Claudia oft etwas deformiert zur Ballonhalle laufen, da sie den vorgewärmten Ballon im Tempex transportierte, damit er nicht auf dem Weg dorthin schon gefror. In der Halle füllten Claudia und Mike den Ballon mit Helium, bis er sein Aufsteigevolumen – ungefähr zwei

Meter im Durchmesser – erreicht hatte, und Claudia band das Ende ab. Mike hielt den Ballon fest, und Claudia befestigte eine Sonde am Ballon, die die während des folgenden Aufstiegs gemessenen Daten via Satellit in die Station senden sollte. Bei minus achtunddreißig Grad war diese Bastelarbeit, die sie nur mit dünnen Handschuhen machen konnte, sehr schmerzhaft, und ich war froh, dass ich als unbeteiligter Zuschauer meine zwei Paar Handschuhe anbehalten konnte.

Nachdem Claudia alles nochmals überprüft hatte, trugen die zwei den Ballon aus der Halle auf die davor befindliche Plattform. Von dort aus wurde er in den Himmel geschickt, und wir blickten ihm noch eine Weile nach, bis er langsam in den wunderbaren Dämmerungsfarben kleiner und kleiner wurde und schließlich ganz verschwand.

Der Ballonstart war oft der kritische Punkt, bei stärkeren Winden taumelte der Ballon hin und her, wurde nach dem Start noch einmal zu Boden gedrückt, oder er überschlug sich sogar, wodurch die Sonde beschädigt werden konnte. Ein geglückter Sturmsondenaufstieg war immer leicht an Claudias Gesichtsausdruck zu erkennen – wer wäre nicht stolz, wenn er bei vierzig Knoten so einen riesigen Ballon unbeschädigt in die Luft gekriegt hätte?

Während des Aufstiegs wurden von der Sonde kontinuierlich Temperatur, Feuchttemperatur, relative Luftfeuchtigkeit und Druck bestimmt. Mittels eines GPS-Empfängers wurden zusätzlich Windgeschwindigkeit und -richtung bestimmt. Unten in der Station konnte Claudia die gemessenen Daten direkt auf ihrem Computer sehen. Der Ballon stieg normalerweise bis in eine Höhe von etwa dreißig Kilometer auf, wo er aufgrund des geringen Luftdrucks und der daraus resultierenden Ausdehnung des Heliums (der Durchmesser des Ballons betrug dann etwa zehn bis fünfzehn Meter) letztendlich zerplatzte. Je nach Temperatur- und Windbedingungen konnte die Aufstiegshöhe um etwa zehn Kilometer variieren.

Die Messwerte wurden codiert und direkt nach dem Aufstieg per E-Mail an weitere antarktische Stationen und an das Global Telecommunication System (GTS) gesendet, wo sie zum Beispiel in Wettervorhersagemodelle mit eingingen.

Am nächsten Samstag fand wie immer unser Tanzkurs statt, allerdings waren weniger Leute als sonst anwesend, und wir waren nur zu sechst. Nach ungefähr einer Stunde hatten alle keine rechte Lust mehr auf Bewegung, und wir beschlossen, einen Dokumentationsfilm über den Neubau unserer Station im Jahr 1991 anzuschauen, den Mirko im Videoregal in der Messe entdeckt hatte. Es war sehr interessant zu sehen, mit welchem Aufwand unser jetzt schon deformiertes und durch die Kraft des Schnees komprimiertes Röhrensystem aufgebaut worden war. Die Röhren hatten ursprünglich beim Bau der Station einen Durchmesser von acht Metern, und unterhalb der Container konnte man im zwei Meter hohen »Keller« ohne Mühe aufrecht gehen. Jetzt waren die Röhren durch das Gewicht des Schnees schon so weit zusammengedrückt, dass man in einer sehr ungesunden, gebückten Haltung unter den Containern gehen musste – sehr zum Leidwesen von René und Micha, die manchmal mit den undichten Abwasserleitungen dort unten zu kämpfen hatten.

Ich war fasziniert von der logistischen Meisterleistung. eine Station in diese Einöde zu bauen, wo kein Bauteil verloren- oder kaputtgehen darf – da es keine Möglichkeit gäbe, auf die Schnelle einen Ersatz zu bekommen. 1991 gab es noch keinen Flugverkehr in die Antarktis, das heißt, alle Bauteile und -arbeiter mussten mit dem Schiff in die Atkabucht kommen. Ein fehlendes Bauteil hätte also erst ein Jahr später mit dem nächsten Eisbrecher geliefert werden können.

Mir wurde auch wieder bewusst, welchen Luxus wir jetzt auf der Station genossen. Natürlich ist von der Einrichtung her alles noch genauso wie beim Bau der Station, doch unser Kontakt zur Außenwelt (der früher fast gar nicht möglich war – und wenn, dann über Funk oder sehr kostspielige Satellitentelefonverbindungen) ist geradezu luxuriös. Ich befand mich am Ende der Welt und konnte doch abends mit meinen Freunden chatten oder mailen, ich konnte sogar im Internet einkaufen gehen – wobei sich da natürlich die Sinnfrage stellt! – und ich konnte jederzeit bei Problemen meine Vorgesetzten oder bei Heimweh meine Mutter anrufen. All dies war für mich fast selbstverständlich geworden, und doch war es eigentlich sehr außergewöhnlich.

Nach dem Film war ich gerade unter der Dusche, als Claudia ins Bad gestürzt kam, um uns zu sagen, dass Polarlichter zu sehen waren.

Ich trocknete mich flüchtig ab und rannte rüber in die Oströhre, wo schon Hektik ausgebrochen war. Alle versuchten hastig, sich in die Tempexe zu zwängen, um so schnell wie möglich nach draußen zu kommen. Da ich noch nasse Haare hatte, setzte ich eine extra dicke Mütze auf und machte mich auf den Weg nach oben.

Als ich aus der Helligkeit des Turms nach draußen trat, dauerte es einen Moment, bis sich meine Augen an die Dunkelheit gewöhnt hatten. Bisher war ich eher ein Polarlicht-Skeptiker gewesen. Ich hatte immer das »Glück«, dass die Polarlichter entweder genau in dem Moment verschwanden, in dem ich vor die Tür trat, oder aber sehr wenig zu sehen war. Aber kaum wurde mir kalt und ging ich wieder nach unten, leuchteten die Polarlichter wieder in schönsten Farben. Die anderen hatten schon manchmal Scherze gemacht, dass ich doch bitte wieder gehen sollte, denn es schien wirklich eine Korrelation zwischen meiner Anwesenheit und der Abwesenheit von Polarlichtern zu geben.

Aber an diesem Tag zogen sich atemberaubende Schwaden über den Himmel. Die Bewegung des Polarlichts war zwar nicht

Polarlichter entstehen durch Sonnenwindteilchen, die elektrisch geladen sind. Wenn diese in die Erdatmosphäre eintreten, regen sie Luftmoleküle zum Leuchten an. Dies geschieht allerdings meist nur in Polarregionen, da die Teilchen vom Magnetfeld der Erde in Richtung der Polarregionen gelenkt werden. Dort steht das Erdmagnetfeld senkrechter zur Erdoberfläche, und so können die Teilchen tiefer in die Erdatmosphäre eindringen. Die etwas schwächeren Polarlichter sind grün-gräulich, was von angeregten Sauerstoffatomen herrührt, bei stärkeren magnetischen Stürmen ist auch ein rotes Aufleuchten am Himmel zu sehen, das auf Stickstoffatome zurückzuführen ist.

sehr stark, aber dafür leuchtete es umso schöner und heller. Es hatten sich zwei Ringe ausgebildet, die sich immer leicht veränderten und enger und weiter wurden. Da die Nacht sehr klar war und der Mond auch nicht schien, war das einzige sichtbare Licht das Glitzern der Sterne und das grünliche Leuchten der Polarlichter. Ab und zu sah man auch sogenannte Vorhänge vom Himmel herunterkommen, und dazu kamen noch Sternschnuppen beziehungsweise Kometen, deren Schweife sehr lange zu sehen waren. Es hätte nicht viel gefehlt, und wir hätten applaudiert!

18

Eisberge auf Wanderschaft

Mitte Juli zeigte uns Claudia auf ihren Satellitenbildern, dass sich zwei sehr große Eisberge auf unsere Bucht zubewegten. Sie bahnten sich langsam aus östlicher Richtung ihren Weg durch den massiven Meereisgürtel, beide waren um die fünfzehn Kilometer lange Tafeleisberge. Unsere zwei Besucher hießen C-18A und B-15L und hatten in Bremerhaven am Alfred-Wegener-Institut auch schon Beachtung gefunden.

Eisberge erhalten, wenn ihre Abmessungen (sei es Breite oder Länge) zehn nautischen Meilen (etwa achtzehn Kilometer) überschreiten, einen Namen. Hierbei bezieht sich der Buchstabe auf das Gebiet, in dem der Eisberg entstanden ist bzw. das erste Mal gesichtet wurde (B steht für den Quadranten zwischen 90 und 180 Grad). Die Nummer wird zeitlich fortlaufend gewählt. Einer unserer Besucher, der Eisberg B15-L, war nicht irgendein Eisberg, er war ein direkter Nachkomme des berühmten Eisbergs B15. Dieser Gigant mit einer Fläche von mehr als 11 000 Quadratkilometern (in etwa die Größe von Jamaika) war im Jahr 2000 vom Ross-Schelfeis abgebrochen. Im November 2002 zerbrach B15 in mehrere Teile, das größte von ihnen – B15-A – war mit mehr als der Größe von Luxemburg lange Zeit das größte freischwimmende Objekt der Weltmeere. Auch er zerfiel nach Kollisionen mit mehreren Gletscherzungen in kleinere Teile.

Der Eisgürtel um den Kontinent hatte sich im Laufe des Winters schon stark vergrößert. Auf den Satellitenbildern war auch

zu erkennen, dass der Meereisgürtel vor unserer »Haustür« schon etwa 1000 Kilometer breit war. Im Laufe des antarktischen Winters wurde durch die Bildung von Meereis die Fläche des Kontinents von etwa 13 Millionen auf durchschnittlich etwa 30 Millionen Quadratkilometern mehr als verdoppelt.

Durch die Kalbung von Schelfeisen (Abbrechen eines Eisbergs vom Schelfeis) entstehen die für die Antarktis charakteristischen Tafeleisberge, die oft jahrzehntelang von der Circumpolarströmung getragen den Kontinent umrunden, bevor sie schmelzen. Zu dieser Gattung gehörten auch unsere zwei Besucher.

Das Meereis war im Juli sehr dick und nur durch wenige auch auf den Satellitenbildern zu erkennende Polynias unterbrochen. Polynias sind Spalten im Meereis von mehreren hundert Metern Breite, die oft am Übergang vom Schelfeis zum Meereis oder in der Umgebung von Eisbergen durch Tidenhub und Spannungsentladungen im Eis entstehen.

Viele Eisberge waren im Meereis eingeschlossen, und wenn

dort Bewegungen durch die starken Kräfte des Meeres entstanden, konnten Chris und ich das auch bei der täglichen Auswertung der Seismogramme sehen: Das seismische Signal eines sogenannten Eisbebens hat eine sehr charakteristische Form, durch welche es sehr gut von Erdbeben unterschieden werden kann.

Ein paar Tage nachdem wir die beiden Eisberge gesichtet hatten, »parkte« einer von ihnen direkt vor Palaoa. Auf den Satellitenbildern sah es aus, als würde er mit der Spitze voran im Schelfeis stecken. In der folgenden Nacht drehte er sich, und wir sahen sehr starke Signale auf unseren Seismometern. Wir waren alle richtig aufgeregt, so etwas Spannendes war seit Monaten hier nicht mehr passiert, und deswegen beschlossen wir – sobald es das Wetter zuließe –, mal da draußen nach dem Rechten zu sehen. Und da Palaoa eh seit einigen Tagen ausgefallen war, konnte das Nützliche mit dem Angenehmen verbunden werden.

Zwei Tage später war das Wetter gut genug, und wir machten uns mit einem Pistenbully auf den Weg. Der Nachteil der Fahrt mit einem Pistenbully gegenüber der mit einem Skidoo war, dass es natürlich sehr viel länger dauerte – wir brauchten für die dreizehn Kilometer nach Palaoa mehr als eine Stunde. Leider funktionierte bei der Hinfahrt die Heizung in der Kabine nicht, und so saßen wir bei minus zehn Grad in dem ruckelnden Gefährt, und ich war schon durchgefroren, als wir bei Palaoa ankamen.

Der Himmel sah phantastisch aus, durch eine recht massive Wolkendecke, die von unten von der bald wiederkehrenden Sonne bestrahlt wurde, wirkte es, als wäre der Himmel mit roten Wattebauschen ausgelegt worden. Der Eisberg hatte sich schon wieder von der Schelfeiskante wegbewegt, aber mit Ferngläsern konnte man gut seine Struktur erkennen, und wir hatten auch die Möglichkeit, ein paar schöne Bilder zu machen.

Vor der Rückfahrt behob René noch schnell das Heizungsproblem, damit wir wenigstens warm nach Hause kommen könnten – denn nach nur fünfzehn Minuten Aufenthalt waren wir so durchgefroren, dass wir uns in die zur Freude aller wieder warme Bullykabine setzten.

Auch wenn wir den Eisberg nicht von so nah wie erhofft gesehen hatten, so hatte uns die Dämmerung ja dafür ausreichend entschädigt. Und das »Rauskommen« allein, aus welchem Anlass auch immer, war für mich schon Ereignis genug.

Vier Tage später war der zweite der Eisberge in der Nähe von Palaoa, und es ging auch eine gewisse Gefahr von ihm aus. Der Gigant B15-L war etwa fünfzehn mal zweiunddreißig Kilometer groß, und auf den Satellitenbildern war nicht eindeutig zu erkennen, ob er nicht vielleicht irgendwo schon die Schelfeiskante gerammt hatte.

Da sich Palaoa, die Walhorchstation, auf glaziologisch gesehen eher unsicherem Schelfeis befindet, bestand die Gefahr, dass bei Kontakt von Berg und Schelfeis Stücke des Schelfeises abbrachen oder aber schon vorhandene kleinere Spalten durch den Zusammenprall vergrößert würden, wodurch unsere sicheren Trassen auf einmal gar nicht mehr so sicher wären.

Charly und René machten deshalb eine Erkundungsfahrt auf dem Meereis, da sie hofften, neu gebildete Spalten am Schelf von unten sehen und den Abstand zwischen Schelfeis und Eisberg besser einschätzen zu können. Charly wirkte bei der Abfahrt zu dieser doch eher gefährlichen Unternehmung recht angespannt, aber nach

zirka drei Stunden waren er und René wieder heil an der Station. Sie hatten festgestellt, dass sich das Eis rund um den Eisbergbug schon stark zusammengeschoben und sich Packeis gebildet hatte. Es war also davon auszugehen, dass der Eisberg in naher Zukunft hoffentlich an Palaoa vorbei und nicht gegen das Schelfeis, auf dem sich die Walhorche befindet, schwimmen würde.

Am nächsten Tag war das Wetter nicht gut, es gab leichten Schneefall, und die Sicht war nicht optimal, aber Chris, Mike, Mirko und ich wollten auch noch einen Blick auf dieses Monstrum erhaschen. Trotz der eher widrigen Wetterbedingungen machten wir uns auf den Weg nach Palaoa, und tatsächlich klarte es bei unserer Ankunft auf, und wir sahen den Giganten vor uns liegen.

Vor allem aber bemerkten wir zu unser aller Bedauern, dass der riesige Tafeleisberg unseren »Freund«, den Palaoa-Eisberg, weggeschoben hatte! Wir waren alle etwas traurig, denn dieser

Eisberg hatte schon seit unserer Ankunft hier festgelegen und war immer sehr schön anzusehen gewesen. Er hatte eine leicht angeschrägte Oberfläche, war relativ hoch und aus bläulich schimmerndem Eis und war immer ein beliebtes Fotoobjekt gewesen. Jetzt war er von dem Tafeleisberg schon mindestens fünf Kilometer nach Westen geschoben worden, und wir befürchteten, dass er, nachdem er seinen festen Halt verloren hatte, sich immer weiter entfernen würde.

Bevor wir in Richtung Eiskante weiterfuhren, rief ich »unserem« Eisberg noch einen Abschiedsgruß zu – denn es war vielleicht das letzte Mal, dass wir ihn zu Gesicht bekamen.

Von der Schelfeiskante aus konnten wir sehen, dass der neue Eisberg eine breite Schneise durch das zu dieser Jahreszeit eigentlich stabile Meereis gepflügt hatte. Ein bisschen mulmig war mir schon, als ich das aufgebrochene Meereis erblickte. Die dreizehn Kilometer von der Neumayer-Station zur Schelfeiskante kamen mir im Vergleich zu den Maßen dieses Eisbergs fast lächerlich vor, und es wurde mir einmal mehr bewusst, wie winzig ich eigentlich war und wie hilflos wir in dieser Umgebung den Gewalten der Natur ausgeliefert waren.

Schon einen Tag später erhielten wir aus Bremerhaven den Bescheid, dass die Trasse nach Palaoa bis auf weiteres gesperrt sei. Die Gefahr, dass der Eisberg das Schelfeis rammen oder streifen würde, war einfach zu groß. Da das Wetter sich verschlechterte und die Rampe wieder geschlossen wurde, war uns dieses Verbot relativ gleichgültig – selbst wenn wir gewollt hätten, wir hätten nicht mehr nach Palaoa fahren können.

Während der in der der Polarnacht öfters vorkommenden »Tauchfahrten« wurden von René und Michael wichtige Instandhaltungsarbeiten durchgeführt. Die beiden hatten immer vieles auf dem Programm, was drinnen zu erledigen war, und nutzten den Schlechtwetter-»Urlaub« von den anstrengenden Außenarbeiten, um sich ganz der Pflege und Versorgung der Station und der Fahrzeuge hinzugeben. Es gab an den Bullys immer genug zu tun, und auch die Skidoos wollten nicht vernachlässigt werden.

Und natürlich brauchte auch die Station selbst immer wieder besondere Beachtung: Hier mal eine geplatzte Abwasserleitung, da eine kaputte Neonröhre, dort ein Isolationsfehler, die regelmäßigen Dieselgeneratorwartungen, die Inventur aller in der Werkstatt befindlichen Gegenstände und Werkzeuge – langweilig wurde es den beiden auf jeden Fall nicht.

Diesmal war noch ein besonderes Problem aufgetaucht: Die Holzbohlen, die als Wege von der Küche zu unserer Vorratskammer (also den Reefern) dienten, hatten sich im Laufe der Jahre verzogen und lagen sehr locker. Dadurch stellten sie ein erhöhtes Sicherheitsrisiko dar, Mike musste beim »Einkaufen« des Öfteren über Leitern auf die Reefer gelangen, und eine wegen des Untergrunds wacklige stehende Leiter war da nicht zu verantworten.

René und Micha machten sich daran, ein neues Schneefundament zu legen und die Holzbohlen zu erneuern – unser antarktisches Straßenbauamt. Bevor der Schnee allerdings als Bausubstanz dienen konnte, musste er mit der Schneefräse pulverisiert und an den Bestimmungsort gebracht werden.

Diese Art der Schneebauweise wird sehr häufig in der Antarktis verwendet, denn der pulverisierte Schnee erreicht beim erneuten Durchfrieren die Festigkeit von Zement.

Während das Wetter uns also weiterhin an Freiluftspaziergängen hinderte, beobachtete Claudia weiterhin auf ihren Satellitenbildern, was der Eisberg vor unserer Schelfeiskante trieb, allerdings

war durch das schlechte Wetter und die dichte Wolkendecke ihr Blick etwas getrübt.

Ein paar Tage später aber war zu erkennen, dass der Eisberg seine Reise ziemlich zügig fortgesetzt hatte und schon sehr viel weiter westlich von Palaoa lag. Den Palaoa-Eisberg hatte er zum Glück wieder abgesetzt, sogar von der Station aus war er noch zu erkennen! Er schien ihn nur ungefähr zehn Kilometer weiter nach Westen verschoben zu haben, wo er jetzt liegengeblieben war.

Bevor wir wieder nach Palaoa fahren durften, mussten Charly und René eine weitere Erkundungsfahrt unternehmen und das gesamte Gebiet nach neuen Spalten untersuchen – aber zum Glück stellte sich heraus, dass nichts passiert war.

19

Die Sonne kehrt zurück

Am Montag, den 23. Juli wäre es so weit gewesen, unser erster Sonnenaufgang nach der Polarnacht!

Leider spielte das Wetter nicht mit, der Himmel war verhangen und die Wolkenschicht so dicht, dass nicht einmal der Dämmerungsschein zu sehen war, und so blieb es auch die folgenden Tage.

Am Freitag absolvierte ich mal wieder eine D/I-Messung im Magobs, zu der mich Mirko begleitete. Wir gingen vormittags los, da es endlich aufgeklart hatte, und wir hofften, vielleicht im Sonnenschein wieder nach Hause zu kommen. Um etwa halb zwölf war die Messung beendet, und wir kletterten über die Leitern an die Schneeoberfläche – und sahen leider nicht die Sonne, sondern nur ihren kläglichen Versuch, über die Wolkendecke zu lugen. Wir blieben noch ein bisschen auf dem Gitterrost vor dem Container, da die gemessene Sonnenstrahlung schon sehr hoch war, und feuerten die Sonne an – vielleicht würde sie es ja doch noch schaffen! Auch die anderen erschienen in der Ferne wie winzige Spielzeugfiguren zwischen den Treppentürmen – wohl wie wir in der Hoffnung, die Sonne nach so langer Zeit endlich wieder zu sehen, aber auch an diesem Tag wurde nichts daraus.

Danach verschlechterte sich das Wetter noch mehr – nicht einmal die schönen Dämmerungsfarben am Himmel waren uns vergönnt, und die Sichtweite ging stark zurück.

Die Sonne hatte mir während der Polarnacht nicht bewusst gefehlt, da ich die Dämmerungen sehr genossen habe. Ich liebte die Farben, die der unendlich erscheinende Himmel annahm, fast das gesamte Farbspektrum konnte man bei guter Sicht erkennen. Im Norden, wo die indirekte Strahlung der Sonne am stärksten war, war der Himmel dann glutrot eingefärbt. Dieses Glutrot verwandelte sich über Orange, Gelb und Türkis in ein helles Rosa und Hellblau im Süden.

Ich war eigentlich der Meinung gewesen, dass es für unser unterirdisches Leben auf der Station keine große Rolle spielte, ob oben die Sonne schien oder nicht. Die Tage waren unabhängig von der »Außenbeleuchtung« durch Mahlzeiten und gemeinsame Pausen strukturiert. Umso mehr erstaunte es mich, dass mir die Sonne unterbewusst anscheinend wichtiger war, als ich es mir als Vernunftmensch eingestanden hatte, denn während dieser Zeit des Wartens träumte ich eines Nachts sogar davon, dass ich sie endlich wiedergesehen hätte!

Und mehr als eine Woche nach dem Ende der Polarnacht, am 31. Juli, war es dann tatsächlich so weit: Wir konnten endlich die Sonne klar und als ganze Kugel über dem Horizont sehen!
Ein Glücksgefühl durchströmte mich – es war einfach schön, in die Sonne zu blinzeln und wegen der gleißenden Helligkeit die Augen zusammenkneifen zu müssen. Auch die Schatten, die die Aufbauten der Station warfen, kamen mir wie etwas Wunderbares vor – bis auf wirklich klare Vollmondnächte hatten wir seit mehr als zwei Monaten draußen keine Schatten mehr gesehen – geschweige denn selbst welche geworfen!

Ich ließ es mir nicht nehmen, das zu tun, was ich mir die ganze Polarnacht lang vorgenommen hatte: Ich zog meinen Bikini unter den Tempex und ging mit Mirko nach draußen, um ein paar Sonnenbad-Bilder zu machen. Neben dem Windwilly schälte ich mich

aus dem Tempex und posierte bei minus zwanzig Grad vor der Kamera. Es wurde ein relativ kurzes Fotoshooting, nach etwa einer Minute schlüpfte ich blitzschnell zurück in meinen leider auch schon ausgekühlten Tempex. Aber irgendwie musste die Rückkehr der Sonne ja gewürdigt werden, nicht dass sie es sich doch noch anders überlegt hätte und noch einmal für länger verschwunden wäre …

Den ersten August machten wir zu einem stationsinternen Feiertag, und das hieß Sonntagsprogramm: brunchen, kein Mittagessen und am Abend ein spezielles Dinner.

Es gab gleich mehrere Gründe für uns, zu feiern: Erstens war für Chris, unsere Schweizerin im Team, Nationalfeiertag, zweitens hatten wir uns vor einem Jahr auf dem Begrüßungsgrillfest in Bremerhaven das erste Mal gesehen, und drittens fingen an diesem Tag unsere Nachfolger mit den Vorbereitungskursen an – und wir wurden dadurch zu »Alt-Üwis«.

Nach dem Brunch machten wir uns erst mal an die Arbeit. Chris und ich fuhren zur monatlichen Kontrolle zum Infraschallmessfeld und klapperten die einzelnen Stationen ab, um mögliche Sturmschäden zu entdecken und zu beheben. Das ging zum Glück recht schnell, und die Routinearbeiten hielten sich auch in Grenzen, bevor es in die Küche ging, um Mike noch ein bisschen zu unterstützen. Am Abend war Käsefondue geplant, damit Chris sich ganz zu Hause fühlte, und alle halfen bei den Vorbereitungen mit. Um sieben war der Tisch gedeckt, mit roten Tischdecken, in der Mitte mit einem Schweizer Kreuz als Tischschmuck und natürlich zwei Fonduetöpfen mit Käse. Chris hatte, um das Bild noch abzurunden, ihre Schweizer Flagge über dem Tisch aufgehängt. Als alle da waren, wurde erst einmal angestoßen, auf die Schweiz und vor allem auf uns.

Wir saßen lange gemeinsam beim Essen, danach zogen wir in die Sofaecke um und machten uns über die Bowle her, die Mike mit den restlichen gefrorenen Melonenstücken zubereitet hatte. Objektiv betrachtet war sie natürlich nicht ganz so lecker wie eine Bowle mit frischem Obst, aber für mich war es in diesem Moment das Höchste der Gefühle.

An diesem Tag wurde mir besonders bewusst, wie schnell doch die Zeit vergangen war. Ich erinnerte mich noch so gut an unser erstes Zusammentreffen in Bremerhaven, als sei es gestern gewesen. Wie neugierig hatte ich diese wildfremden Menschen beäugt, war noch ein bisschen schüchtern gewesen und gespannt, was in unserer Gemeinschaft alles auf mich zukommen würde.

Aber nach acht Monaten gemeinsamen Lebens in wohl einer der intensivsten WGs, die es gibt, reichte oft ein Blick, eine hochgezogene Augenbraue oder ein nach unten gezogener Mundwinkel, und man wusste schon sehr gut, was das Gegenüber gerade dachte. Ich kannte schon viele kleine Eigenheiten, die jeder Einzelne hatte. Ich konnte am Schritt erkennen, wer gerade über den Flur lief, schlurfend oder stampfend oder ganz besonders schnell. Ich wusste, wer im Waschraum welches Waschbecken am liebsten hatte, wer was am liebsten zum Frühstück aß, wer Knoblauch gar nicht oder ganz besonders mochte und wer, wenn es Leber gab, gar nicht erst zum Essen erschien.

Manche kleinen Macken oder Marotten der anderen empfand ich als überaus liebenswert, andere allerdings auch einfach als nervtötend. Es wäre gelogen, würde ich von mir behaupten, dass ich nie den Wunsch gehabt hätte, einfach mal alle wenn auch nur für einen Tag los zu sein. Oder wenigstens ein paar von ihnen. Aber auf der anderen Seite war ich mir während dieser Phasen immer bewusst, dass sie vorbeigehen würden – und auch wenn mir jemand gerade auf meinen vielleicht wegen privater Probleme ohnehin schon zum Zerreißen gespannten Nerven herumtrampelte, so wusste ich doch, dass ich am nächsten, übernächsten oder am überübernächsten Tag darauf doch froh sein würde, dass ich sie alle hatte. So verschieden wir auch waren, so habe ich das Team immer als eine Art Familie gesehen. Und die Probleme, die in Familien auftreten, kennt wohl jeder – genau das Gleiche spielte sich in unserer WG ab.

Natürlich verstand ich mich auch nicht mit allen gleich gut. Wir waren neun Leute aus verschiedenen Lebenswelten mit anderen Startvoraussetzungen und völlig unterschiedliche, teilweise sehr ausgeprägte Charaktere.

Jedenfalls empfand ich es als großes Privileg und als persönliche Bereicherung, dass ich die Möglichkeit hatte, acht Menschen, mit denen ich im »normalen« Leben wahrscheinlich nie so engen Kontakt gehabt hätte, so gut kennenzulernen. Ich erfuhr Dinge über meine Mit-Überwinterer, die ich selbst von meinen besten Freunden, die ich seit mehr als fünfzehn Jahren kenne, nie wusste und wahrscheinlich auch nie wissen werde, und je nach Verhältnis wurde mir ein sehr intimer Einblick in das Leben der anderen gewährt. Ich denke, im Großen und Ganzen hatten wir jedenfalls unser erstes Jahr sehr gut miteinander verlebt – wenn das kein Grund war, ein Fest zu feiern!

Anfang August – nach fast einem Monat widrigen Wetters – konnten wir endlich auch mal wieder »unsere« Pinguine besuchen.

Karin, die Pinguinbegeistertste und dadurch auch -kundigste unter uns, hatte schon vorhergesagt, dass die ersten Jungen geschlüpft sein müssten.

Wir teilten uns in zwei Gruppen auf, so dass alle die Möglichkeit hatten, zur Kolonie zu fahren. Die Station sollte nie längere Zeit unbesetzt sein, und aufgrund der sehr frostigen Temperaturen und der erst ungefähr eine Stunde am Tag scheinenden Sonne wollten natürlich alle möglichst über Mittag raus. Die erste »Schicht« bildeten Claudia, Micha, René, Mirko und ich, die anderen mussten sich noch einen Tag gedulden.

Wir fuhren wie immer über die angeblasene Schneerampe westlich des Winterlagers aufs Meereis. An diesem Tag fühlte ich mich auf dem Eis ganz besonders unwohl. Ich wusste zwar, dass die zwei Eisberge, die im Juli vor der Bucht entlanggekommen waren, dem Eis in der Bucht nicht hatten schaden können, aber trotzdem fühlte ich mich unsicherer als sonst. Mir fielen mehrere Stellen mit ein paar Metern Durchmesser auf, die im Gegensatz zu der sonst schneebedeckten und weißen Oberfläche sehr dunkel waren. Wenn man mit dem Skidoo darüberfuhr, gab es einen metallischen Klang, und da ich keine Eisspezialistin bin, sah ich uns vor meinem inneren Auge mehrmals einbrechen. Ich konnte mir diese seltsame Eiskonsistenz nur dadurch erklären, dass dort das Eis vielleicht aufgebrochen gewesen und frisch wieder zugefroren war.

Als wir angekommen waren, fragte ich Claudia erst mal über das Eis aus. Sie hatte ihre Diplomarbeit über Meereisbildung auf der Ostsee geschrieben und war diejenige von uns, die am besten darüber Bescheid wusste. Sie konnte mich beruhigen, diese Stellen waren nicht offen gewesen und frisch wieder zugefroren, sondern nur vom Wind blankgefegt worden …

Nach dieser beruhigenden Auskunft konnte mich ganz den

Pinguinen widmen und näherte mich langsam der Kolonie. Plötzlich hörte ich ein leises Piepsen, wie ich es schon aus der letzten Sommersaison kannte und das sich sehr von dem sonst charakteristischen Geschnatter und Getröte der erwachsenen Pinguine unterschied. Ich blieb stehen und kniff die Augen zusammen, und da sah ich es: unter der Bauchfalte eines etwas abseits stehenden

Pinguins lugte ein winziger schwarzer Kopf hervor. Ich kniete mich hin und verhielt mich ganz ruhig, um die Tiere nicht zu erschrecken, und wirklich, der kleine Pinguin rief mehrmals nach Futter, und der große würgte mühsam etwas heraus, um ihn zu füttern.

Als ich später noch um die ganze Kolonie lief, sah ich drei weitere Pinguine mit ihren Jungen. Es war relativ schwierig, die Kleinen zu erspähen – ich hörte sie eher, als dass ich sie sah. In dieser Entwicklungsphase kurz nach dem Schlüpfen haben die Jungtiere noch ein sehr dünnes Gefieder und verbringen die meiste Zeit in der Bauchfalte der Eltern, da sie dort optimal gegen die Kälte geschützt sind.

Wir hatten den Anfang der Schlüpfsaison erwischt, die meisten Tiere hatten noch Eier, wie ich mehrfach feststellen konnte. Viele der noch brütenden Tiere waren unruhiger, als ich es vom letzten Besuch im Juli in Erinnerung hatte. Sie reckten sich oft und putzten das Gefieder rund um das Ei, und ich hatte den Eindruck, als würden sie in Erwartung des freudigen Ereignisses alle paar Minuten kontrollieren wollen, ob das Kleine nicht vielleicht doch schon unbemerkt aus dem Ei geschlüpft war.

Nach einer Stunde waren wir alle durchgefroren, machten uns zurück auf den fünfundvierzigminütigen Heimweg und brachten den anderen die gute Nachricht, dass es schon ein paar Junge gab, was ihre Vorfreude auf den nächsten Tag noch steigerte.

Oft war ich darüber erstaunt, wie gut ich in der Antarktis hören konnte – und wie weit der Schall transportiert wurde. Durch die reine Luft und die fehlende »Schallverschmutzung« konnte man das Fiepen eines jungen Pinguins über eine Distanz von etwa 100 Meter ohne Probleme hören. Auch galt das ungeschriebene Gesetz, weder im Sommer noch im Winter draußen jemals über »Geheimnisse« zu reden oder Privatgespräche zu führen – denn je nach Windrichtung konnte der Schall ohne Probleme ein bis zwei Kilometer zurücklegen und im Ohr eines dritten landen.

20

Sport und andere Aktivitäten

Nach nur zwei Tagen wurde das Wetter wieder schlechter, und somit waren uns für den Rest der Woche auch nur wenige Blicke auf die Sonne vergönnt. Theoretisch waren unsere Tage Ende August schon über fünf Stunden lang – aber eben wirklich nur theoretisch, denn bei Drift und Whiteout sah man davon leider nicht viel. Die Rampe wurde wieder geschlossen, und wir mussten uns noch etwas gedulden, bis wirklich der Frühling kam.

Der August ist im Mittel der kälteste und auch stürmischste Monat. Und schon vor der Überwinterung hatte ich oft gehört, dass dies in jeder Hinsicht der schlimmste Monat sei – nicht nur das Wetter, sondern auch die Stimmung betreffend. Viele ehemalige Überwinterer hatten die Erfahrung gemacht, dass der August sich scheinbar endlos dahinschleppte – die Polarnacht war vorüber, und was jetzt kam, waren meist nur noch Wiederholungen von dem, was man schon kannte.

Aufgrund dieser Berichte war ich gegen den August geradezu voreingenommen, fast zu meiner Überraschung bemerkte ich jedoch keinerlei Anzeichen dafür, dass dieser Monat schlimmer oder langweiliger wäre als die vorangegangenen oder die darauffolgenden. Es war ein ganz natürlicher Prozess, dass ich vieles nicht mehr als besonders, neu oder aufregend empfand. Alles war zur Routine geworden. Und zwar nicht nur die Arbeit, sondern auch die Freizeitaktivitäten, da das Angebot recht beschränkt war und man nicht besonders viele Auswahlmöglichkeiten hatte.

Man konnte sich natürlich dem Sport zuwenden, und ich durchlief verschiedene Stadien der sportlichen Aktivität: Am Anfang der Überwinterung ging ich jeden Morgen vor dem Frühstück in den Sportraum, um Fahrrad zu fahren und Gymnastik zu machen – und vor allem um mich zu dehnen. Ich hatte mir ein hohes (bzw. in diesem Fall eher tiefes) Ziel gesteckt: ich bin 1,77 Meter groß und schon immer eher unbeweglich, und ich hatte mir vorgenommen, Dehnungsübungen zu machen, um bei gestreckten Beinen den Boden mit den Fingerspitzen berühren zu können. Vor der Überwinterung fehlten mir noch fast dreißig Zentimeter – als ich dann bereits nach etwa zwei Monaten mein Ziel erreicht hatte, war mein Ehrgeiz, Sport zu machen, dahin. Außerdem hatte ich während der aktiven Sportphase mehrere Kilo zugenommen, was meine Motivation nicht gerade steigerte.

Natürlich war ich mir klar darüber, dass es zwischen diesen beiden Faktoren keinen kausalen Zusammenhang gab. Die Zunahme war wohl eher auf meinen erhöhten Süßigkeitenkonsum zurückzuführen, aber sie auf den Sport zu schieben gefiel mir – als von Natur aus faulem Menschen – natürlich besser. Ich steigerte mich in eine irrationale Sportfeindlichkeit hinein: Immerhin hatte ich mich jeden Morgen selbstdiszipliniert aus dem Bett gequält, und das war der Lohn? Eine kontinuierliche Gewichtszunahme! Da war es doch viel sinnvoller, morgens ein bisschen länger im Bett liegen zu bleiben. Und kaum hatte ich das beschlossen und aufgehört, Sport zu machen, nahm ich wieder ab. Charly, der Sportfanatiker, verdrehte regelmäßig die Augen, wenn ich ihm in der Zeit »nach dem Sport« nach jeder zweiwöchigen Gewichtskontrolle stolz präsentierte, dass ich schon wieder abgenommen hatte. Und natürlich ließ ich es mir nicht nehmen, ihn zu ärgern, indem ich ihm dann erklärte, dass ich doch immer schon wusste, dass Sport ungesund ist und dick macht.

Nach fast zwei Monaten Faulheit merkte ich jedoch, dass ich nicht mehr so ausgeglichen war wie in der Zeit zuvor. Das hing wahrscheinlich auch mit der Polarnacht und den widrigen Wetterbedingungen zusammen, im Winter ging ich seltener nach draußen als in der Sommerzeit, wo erstens Wartungsarbeiten auf dem Programm standen und zweitens das Wetter einladender war. Ich wurde unzufrieden und war oft morgens schon maulig, und so startete ich meinen zweiten sportlichen Anlauf. Charly freute sich und wies mich voller Elan in die Benutzung des Rudergerätes ein.

Etwa einen Monat hielt ich das Rudern durch, dreimal die Woche quälte ich mich auf das Gerät, das außerhalb der Container vor der Werkstatt stand. Dreißig Minuten Rudern, am Anfang frierend mit Handschuhen – zu der Zeit hatte es außerhalb der Container etwa minus siebzehn Grad – und am Ende schweißnass und ausgepowert. Ich ruderte selten alleine, neben dem Gerät stand Charlys Rennrad auf der Laufrolle, und entweder er oder Mirko »begleiteten« mich bei meiner sechs Kilometer langen imaginären Reise über wunderschöne Flüsschen und Seen. Doch irgendwann hatte ich im Kopf alle schönen Umgebungen abgerudert, und es kostete mich immer mehr Überwindung, mich auf dieses Gerät zu setzen und einen roten Feuerschutzkasten anzustarren – oder zur Abwechslung mal die graue Werkstattaußenwand – und das eine halbe Stunde lang. Ich versuchte es mit Musik, aber das half auf Dauer auch nicht gegen meine wachsende Unlust, und so fand auch meine zweite sportliche Phase relativ schnell ein Ende.

Alternativ beschloss ich, mich Chris, Mike und Charly anzuschließen. Die drei gingen seit dem Beginn der Überwinterung jeden zweiten Morgen draußen laufen. Den gesamten Winter hatten sie im Gegensatz zu mir ihren Trainingsplan eisern durchgehalten, bei schlechtem Wetter, wenn es nicht möglich war, rauszugehen, waren sie den Treppenturm hoch-, und wieder runtergerannt. Als ich mich ihnen anschloss, war es morgens noch so dunkel, dass man eine Stirnlampe brauchte, und es war vor allem bitterkalt. Mein persönlicher Jogging-Kälterekord lag bei etwa minus siebenunddreißig Grad, und ich hatte das Gefühl, dass meine Lunge explodieren würde.

Wir sammelten uns um etwa 7 Uhr im Raucherraum und zogen unsere Schuhe an – aus Rücksicht auf die anderen schlichen wir in Socken in die Weströhre, da es in der Oströhre vor den Schlafzimmern sehr hellhörig war. Wir trugen eigentlich keine speziellen Klamotten: Ich hatte normale Laufschuhe an, trug  eine Laufhose und darüber eine Fleecehose, oben ein T-Shirt und eine etwas wärmere windisolierte Fleecejacke. Die wichtigsten Accessoires waren die Handschuhe, die Sturmhaube und die Mütze. Ich hatte zweimal versucht, ohne eine Schicht Stoff vor dem Mund, die die Luft ein bisschen vorwärmt, zu laufen – die Schmerzen, die ich in der Lunge verspürte, waren nicht zu verachten.

Wenn alle fertig eingemummelt waren, machten wir einen kleinen Abstecher ins Bad, wo wir uns die noch freiliegenden Bereiche des Gesichts dick mit Melkfett einschmierten. Und dann gab es kein Zurück mehr: Die anderen drei liefen meist zur Spuso und wieder zurück, ich aber brachte es bis auf ein einziges Mal nie weiter als bis zum IS-Container. Das Laufen auf dem oft sehr unebenen Untergrund war teilweise so anstrengend, dass ich sogar nach dieser kurzen Strecke völlig am Ende war. Bei einem

Schritt sank man fast knietief ein, beim nächsten prallte der Fuß unerwartet auf eine harte Eisfläche, die nicht im Geringsten nachgab.

Bei schlechten Bodenverhältnissen war ich nach dem Laufen oft unglaublich wütend – ich hatte mich furchtbar angestrengt und war doch insgesamt nur etwa 1,5 Kilometer weit gekommen, weil ich mich fortbewegte, als wäre ich volltrunken, eiernd und stolpernd hatte ich mich durch den Schnee gekämpft. Der von mir sonst sehr hoch geschätzte Nebeneffekt des Laufens, dass man einfach läuft und läuft, und die Gedanken schweifen ab, und man ist danach total entspannt, war nur sehr selten eingetreten – denn dafür musste der Schnee eine perfekte Laufqualität haben, und die hatte er eigentlich nie.

Aber trotz des Ärgers hielt ich das Laufen bis zur Ankunft der Sommergäste mehr oder weniger durch, manchmal war die Bettschwere doch zu groß, aber meistens schaffte ich es, meine Trägheit zu überwinden. Als die Tage wieder länger wurden, erhielten wir unsere Belohnung fürs fleißige Laufen – wir sahen wunderschöne Sonnenaufgänge. Durch das Laufen merkte ich auch wieder, dass die Zeit verging. Im normalen Arbeitsalltag hatte ich manchmal das Gefühl, dass sie stehengeblieben war, denn alles war gewohnt und eintönig, und ich dachte, es würde ewig so weitergehen. Doch beim Laufen sah ich, dass das nicht der Fall war: Es wurde wieder hell. Gerade liefen wir noch mit Stirnlampe in finsterster Nacht, und schon dämmerte es, bald darauf ging die Sonne wieder auf, und nicht lange, und wir brauchten sogar schon wieder Sonnenbrillen.

Neben dem Sport gab es natürlich noch andere Möglichkeiten, sich zu beschäftigen. Feste Programmpunkte in der Gestaltung der Abende waren wie schon erwähnt unsere Saunabesuche, Tanzkurs und Sonntagsdinner. Es blieben also noch vier weitere Abende zur freien Gestaltung. Der Schmelzendienst hatte immer das Privileg, einen Vorschlag für die gemeinsamen Feierabende zu machen. Während des Winters bedeutete das meist, dass die beiden Schmelzer einen Film aussuchten. Alle, die Lust hatten, versammelten sich dann abends in der Messe, die Leinwand wurde heruntergelassen, der Beamer aufgestellt und Knabbereien verteilt. Es gab schon eine mehr oder weniger feste Sitzordnung auf der braunen Ledercouch, und nachdem sich alle gemütlich hingekuschelt und in Decken eingewickelt hatten, war es mal wieder so weit: eine Kinovorführung im Lichtspieltheater Neumayer …

Aber natürlich gab es nicht nur gemeinsame Aktivitäten, jeder hatte außerdem noch eigene Interessen oder Hobbys, denen er nachging. Ich zum Beispiel war, wie schon erwähnt, fest entschlossen, einen langgehegten Traum zu verwirklichen und Akkordeon zu lernen; kurz vor der Abreise hatte ich ein Instrument und ein »How-to-Akkordeon«-Lehrbuch gekauft. Als die Sommergäste fort waren und Ruhe in die Röhren einkehrte, begann ich zu lärmen.

Während der Polarnacht und bis zur Sommersaison übte ich diszipliniert fast jeden Tag. Ich hatte meinen festen Akkordeonplatz in der Messe, und Mike freute sich jedes Mal, wenn ich meine Übungsstunde abhielt, während er das Abendessen zubereitete. Oft stieß ich an meine Grenzen und war verzweifelt und vor allem schrecklich wütend, wenn meine Finger mal wieder nicht so wollten wie ich! Es kam vor, dass ich laut fluchend mit dem Fuß gegen die Anrichte trat, und Mike, der gerade noch fröhlich in der Küche die Melodie mitgesummt hatte, verstummte abrupt.

Dann kam ein Brüllen aus seiner Richtung: »Hör auf zu jaulen und spiel weiter!« – was ich dann meist auch tat. War ich unmotiviert und übte nur kurz, ermahnte er mich, ob das denn schon alles gewesen sei? So spornte er mich immer und immer wieder an, weiterzumachen und die Geduld nicht zu verlieren.

Doch nicht nur meine zeitweise Unlust warf mir auf meinem steinigen musikalischen Weg Knüppel zwischen die Beine: Durch die extrem trockene Luft hatte das Akkordeon von Zeit zu Zeit unterschiedliche Wehwehchen. Mal klemmten die Knöpfe, mal die Tasten. Einen Akkordeonspezialisten hatten wir nicht dabei, aber wie sagt man so schön: »Dem Ingenieur ist nichts zu schwör« – und René nahm sich dann auch des Instruments mehrmals an. Das Knopfproblem war leicht mit etwas Silikonschmiere zu beheben, aber die klemmenden Tasten bereiteten uns mehr Sorge. Ich schrieb ratlose E-Mails an Akkordeonbauer und war noch viel ratloser, als ich die Beschreibung bekam, wie diese Fehlfunktion zu beheben war: Man müsste den geleimten Draht, an dem die Tasten befestigt waren, aus dem Instrument ziehen, und alle Tasten neu anbringen. An sich keine große Sache, aber um den Leim zu lösen, sollte der Draht beispielsweise an eine Autobatterie angeschlossen werden – wodurch er sich erhitzen würde und herausgezogen werden könnte. Eins stand für mich fest: Das kam auf keinen Fall in Frage. Auf einmal würde noch mein ganzes Akkordeon abfackeln und für immer unbrauchbar sein! René hörte sich mein empörtes Gezeter an, und ich verbot ihm, das Instrument so zu »misshandeln«. Das Akkordeon musste – meiner Meinung nach – krank bleiben, bis wir einen Alternativplan hatten. Das war die Geburtsstunde der Heinzelmännchen auf Neumayer.

Am nächsten Nachmittag kam ich in die Messe, und mein Akkordeon stand an seinem gewohnten Platz. An ihm ein Zettelchen mit der Aufschrift:

Hallo, Nora, alles wieder heile.
Deine Heinzelmännchen.

Und siehe da: Die Tasten klemmten nicht mehr, alles war in bester Ordnung. Ich rannte sofort in die Werkstatt, und obwohl ich mich total freute, stellte ich als Erstes René zur Rede, ob er etwa doch gegen meinen ausdrücklichen Willen das arme Instrument so gemartert hätte? Nicht, dass das Ergebnis mich nicht überzeugt hätte – René wies alle Verantwortung von sich. Er hätte damit nichts zu tun, er hätte das Ding nicht einmal angefasst!

Als nach einiger Zeit die Tasten wieder klemmten, legte ich das Instrument einfach in die Werkstatt, und die Heinzelmännchen reparierten es. Ich will auch besser gar nicht wissen, welche Torturen es dort über sich ergehen lassen musste – wahrscheinlich würde mich sonst vor Schreck noch im Nachhinein der Schlag treffen.

Kurz nach dem Erscheinen der Heinzelmännchen traten die Heinzelfrauchen auf den Plan: Als ich einmal mit René Schmelzendienst hatte, fand ich seine Hose auf der Waschmaschine, darauf ein Brief an die Heinzelfrauchen, ob diese vielleicht Zeit hätten, die Hose zu flicken – was sie dann natürlich auch gern taten.

Wir hatten in einem der beiden leerstehenden Zimmer ein Nähzimmer eingerichtet, in dem sich die Nähmaschine und einige Handarbeitsbücher befanden. Ich hatte auch mein Nähkästchen, meine Stricknadeln und die Unmengen an Wolle, die ich mitgebracht hatte, dort eingelagert – zur freien Verfügung für alle, die etwas daraus machen wollten. Zu diesem Zeitpunkt sah ich schon ab, dass ich mich in Bezug auf meine Wollmengen wohl etwas überschätzt hatte.

Das Nähzimmer wurde viel genutzt, einerseits um die Ausrüstung zu verbessern oder Kleinigkeiten an ihr zu ändern, andererseits aber, vor allem von uns Frauen, für modische Eigenkreationen: Chris änderte eine sackförmige Fleecejacke um, so dass sie figurbetont und schick wurde, Claudia nähte sich aus mitgebrachtem Stoff einen Rock, eine Bluse und eine Hose – sie war eindeutig unsere Nähmeisterin – und ich »renovierte« eine alte Hose. Sie bekam unter anderem einen neuen Bund und neue Taschen, und ich war unglaublich stolz, als sie fertiggestellt war. Immerhin war es mehr oder weniger das einzige »neue« Kleidungsstück, das ich im gesamten Winter hatte!

Doch es wurde nicht nur genäht auf Neumayer. Chris und ich strickten und häkelten beide zahlreiche Mützen und Stulpen. Manchmal musste ich richtig lachen, wenn ich das Büro betrat – genauso stellt man sich den Arbeitsplatz von zwei Forscherinnen in der Antarktis vor: zwischen Computern, Bildschirmen, Tastaturen und allen möglichen anderen elektronischen Geräten lagen Wollknäuel und Nadelspiele mit angefangenen geringelten Stulpen oder halben Mützen – eben typisch Physiker.

Den Höhepunkt erreichte meine Handarbeitswut, als ich mich daranmachte, einen Strick-Teddybären zu vollenden, den ich schon zu Studienzeiten in der Schweiz begonnen hatte. Er bestand zu dem Zeitpunkt aus dem Rumpf und einem Arm – und so vegetierte er schon seit fast drei Jahren vor sich hin. Seine Vollendung kostete mich viel Zeit, Geduld und Durchhaltevermögen, aber ich hatte mir fest vorgenommen, vor dem Ende der Überwinterung einen fertigen Bären in den Händen zu halten. Das brachte mir zwar ein paar graue Haare zusätzlich ein, aber ich erreichte schließlich mein Ziel.

Auch wenn es nicht wirklich in die Rubrik Freizeitgestaltung fällt, so wurde jetzt – gegen Ende der Überwinterung – alles, was vom Alltagstrott abwich, zu einer willkommenen Abwechslung: wie zum Beispiel Feuerschutzübungen. Während unserer gesamten Zeit an der Neumayer-Station führten wir in regelmäßigen Abständen solche Übungen durch, und die, die mir am besten im Gedächtnis geblieben ist, fand Mitte August statt: Wie immer nach dem Mittagessen saßen wir noch im Raucherraum und tranken Espresso, als auf einmal der Feueralarm loslärmte. Dieser Alarm war wohl das Lauteste, was ich in den fünfzehn Monaten auf Neumayer zu hören bekam. Es war eine durchdringende Sirene, und als ob das als Geräuschkulisse nicht schon reichen würde, fielen außerdem sämtliche induktionsgesteuerten Feuerschutztüren in den Gängen mit lautem Knall zu.

Als dieser Höllenlärm unsere gemütliche Espressopause unterbrach, starrten wir uns in der ersten Schocksekunde vor Entsetzen wie versteinert an und rannten plötzlich alle auf einmal los, um uns für den Einsatz fertig zu machen. Mein Herz schlug bis zum Hals, denn es war keine Übung für diesen Tag vorgesehen, und normalerweise wurden wir immer vorgewarnt.

Wir hatten eine feste Feuerrolle eintrainiert, in der jeder bestimmte Aufgaben zu erfüllen hat. In meinem Fall hieß das, dass ich so schnell wie möglich in die Oströhre rannte, meine Gasmaske, ein Funkgerät und einen Handfeuerlöscher schnappte und zum Sammelpunkt hetzte – der befand sich immer im Verbindungsgang zwischen den Röhren, und von dort aus koordinierte Charly den Einsatz. Ich bereitete mit vor Aufregung schweißnassen Händen meinen Pressluftatmer vor, das heißt, ich testete den Druck und den Signalton. Dann setzte ich das Gasflaschengeschirr auf und zog die Gasmaske über.

Während ich mich um meine Ausrüstung kümmerte, war

Chris schon dabei, Mike anzukleiden. Seine Aufgabe war es, im ersten Löschtrupp voranzugehen und das Feuer zu lokalisieren und gegebenenfalls direkt zu löschen. Da Personensicherheit bei einem solchen Einsatz oberste Priorität hat, hatten wir uns darauf geeinigt, dass der Vorangehende einen Hitzeschutzanzug tragen sollte. Im Falle eines sogenannten Flash-Overs (also eines Überschlagens der Flammen) wäre er so auf jeden Fall geschützt. Der Anzug bestand aus einer Hose, einer Jacke mit integriertem Helm, die über Pressluftatmer und Gasmaske gezogen wird, und aus Handschuhen und Schuhen aus mit Alu beschichtetem Hitzeschutzmaterial. Diesen Anzug ohne Hilfe anzuziehen war schlichtweg unmöglich, und auch mit Hilfestellung bedurfte es vieler Übung – vor allem da die Anzüge im Verbindungsgang gelagert wurden, in dem es im Winter meist unter minus zehn Grad hatte und das Material dementsprechend steif war. Chris und Mike waren allerdings schon ein eingespieltes Team, und meist war Mike nach spätestens drei Minuten fertig angezogen. Zum Schluss bekam er noch einen großen Feuerlöscher in die Hand gedrückt, und ein zwanzig Meter langes, feuerfestes Seil wurde um seinen Leib geschlungen, das ich wie eine Art Leine in die eine Hand nahm und in die andere einen kleinen Feuerlöscher, und wir waren einsatzbereit.

René hatte in der Zwischenzeit in der Brandmeldezentrale nachgesehen, in welchem Bereich der Station es angeblich brannte, Charly gab die entsprechende Information an uns weiter, und wir machten uns auf den Weg. Mike ging vorne, und ich musste das Seil zu ihm gespannt halten, aber immer hinter den Feuerschotts zurückbleiben, da ich ja keine spezielle Feuerschutzkleidung trug. Unser Ziel war der südliche Teil der Weströhre, und ich war sehr aufgeregt, als Mike die silberne Tür vom Verbindungsgang in die Weströhre aufzog.

Langsam gingen wir hinein, und ich blieb mit zitternden Händen hinter dem ersten Brandschott zurück, bis ich mich sicher weiter zum nächsten bewegen konnte. Es waren kein Rauch oder sonstige Anzeichen eines Brands zu sehen, und als Mike alle Türen bis zum Ende des Containerflurs geöffnet und wir keinen Brandherd gefunden hatten, kehrten wir um. Das einzig Auffällige war, dass im ehemaligen Fotolabor laute Musik lief, aber wir waren beide zu aufgeregt, um diesem Umstand weitere Beachtung zu schenken.

Als wir wieder am Treffpunkt ankamen, waren Claudia und Micha schon einsatzbereit. Sie waren der zweite Stoßtrupp, und wären im Ernstfall nach uns losgegangen, wenn Mike es nicht geschafft hätte, das Feuer zu löschen.

Wir gaben an Charly Meldung, dass wir nichts Verdächtiges entdeckt hatten – und ich sah ein schelmisches Lächeln seine Lippen umspielen, und mir ging ein Licht auf. Die Musik im ehemaligen Fotolabor war kein Zufall gewesen! Nachdem Charly Entwarnung gegeben und unsere Vermutung bestätigt hatte, dass es sich nur um eine Übung handelte, gingen wir noch einmal gemeinsam ins Fotolabor. Und da hörte ich es: Laut schrie Scooter, von Technobeat untermalt, aus den Boxen: »Feuer! Feuer! Feuer!« Wir lachten, damit hatten wir natürlich nicht gerechnet, wir waren schließlich bei Feuerschutzübungen auf visuelle und nicht auf akustische Reize konditioniert! Charly hatte sonst immer wunderschöne, künstlerisch wertvolle Zettel aufgehängt oder Papierkörbe beschriftet, so dass das Feuer relativ leicht zu identifizieren war. Aufschriften wie: »Achtung ich brenne!«, »Feuer!« oder »Foyer!« waren jedenfalls einfacher als potenzieller Brand auszumachen als Scooters Gebrüll.

21

Schnee im August

Der August machte seinem antarktischen Ruf alle Ehre, und wurde auch bei uns der Monat mit dem »schlechtesten« Wetter – das heißt den niedrigsten Temperaturen und den meisten stürmischen Tagen und für mich mit den meisten Tagen, an denen ich die Station nicht verließ. Ich war immer relativ ängstlich und nicht auf Abenteuer aus. Während die anderen beispielsweise versuchten während eines Sturms angeseilt die Schneeschmelze zu finden und zu füllen, war ich immer recht froh darüber, dass ich im warmen Bau bleiben konnte. Nur einmal waren Chris, Mirko und ich leider gezwungen, während eines über uns hinwegtobenden Sturms Ende August bis zum IS-Container zu gehen. Einer unserer Datenerfassungsrechner der Magnetik, der sich in dem Container befindet, war abgestürzt, und um lange Datenlücken zu vermeiden, wollten wir ihn so schnell wie möglich neu starten beziehungsweise zunächst das Problem in Augenschein nehmen und den Rechner gegebenenfalls reparieren. Wir sprachen uns mit Charly und Claudia ab, und nachdem ein kleines Windloch in Sicht war, durften wir uns auf den Weg machen.

Die Handlaufleine war direkt am Geländer des West-Treppenturms befestigt, so dass wir keinen Schritt ungesichert gehen mussten. Die ersten Schritte im Sturm waren schwierig, vor allem da die Schneeverwehungen rund um den Turm sehr hoch und aufgrund der starken Drift nicht gut zu sehen waren. Zu Beginn klammerte ich mich noch ängstlich an der Laufleine fest, aber als ich mich daran gewöhnt hatte, mich schräg in den Wind zu lehnen, war es kein Problem mehr. Das Laufen mit Handkontakt an der Laufleine war jedoch ziemlich unangenehm, da durch den vielen feinen Schnee in der trockenen Luft, der mit hoher Geschwindigkeit um uns, die Leinen und die Balisenstangen wirbelte, alles statisch aufgeladen war. Das hatte den negativen Effekt, dass ich bei jeder Berührung der Handlaufleine einen Schlag erhielt – so ähnlich wie bei einem elektrischen Weidezaun.

Wir blieben in greifbarer Nähe der Handlaufleine und hielten uns an den Händen. Der feine Schnee war in die Skibrillen eingedrungen, was das Halten des Blickkontakts erschwerte, und durch den Körperkontakt liefen wir nicht Gefahr, einander zu verlieren. Erst ein paar Meter vor unserem Ziel tauchte der Container aus dem weißen Nichts auf, und ich war wirklich erleichtert, die Strecke war mir viel länger vorgekommen als sonst.

Das Problem mit dem Computer ließ sich schnell beheben, und wir konnten uns schon nach etwa einer halben Stunde auf den Weg zurück zur Station machen. Als wir nach dem anstrengenden Heimweg wieder dort ankamen, waren wir alle drei trotz Kälte und Sturm so verschwitzt, dass wir uns vor Erledigung der restlichen Routinearbeiten erst einmal eine Dusche gönnten.

Die Stürme transportierten Unmassen von Schnee zu uns, und als wir Mitte August die Rampe wieder öffnen konnten, waren Micha und René mit der Hilfe von Claudia und Mike ein paar Tage damit beschäftigt, die Berge wieder zu planieren.

Die Schmelze war mit einer Rekordschicht Schnee bedeckt gewesen, zum Ärgernis der Schmelzer während der Schlechtwetterzeit. Um den Deckel hatten wir im Laufe der Zeit einen wahren Krater gegraben, denn die Schneeschicht, die den Schmelzendeckel bedeckte, war fast zwei Meter dick. Auf der Webcam sah es aus, als wäre ein Meteorit bei uns eingeschlagen.

Ich nutzte das »Ausflugswetter« Mitte August, um endlich einmal Karin in der Spuso zu besuchen und mir genauer anzusehen, was sie dort machte. Mirko begleitete mich, und so machten wir einen schönen Sonntagsspaziergang.

Wir kamen trotz der eisigen Temperaturen erhitzt und erschöpft an der Spuso an, und ich bewunderte Karin, die diesen Weg jeden Tag zurücklegte – je nach Wetterlage konnte die Strecke ein gemütlicher Spaziergang sein oder aber ein Kampf mit den Elementen. Während der gesamten Überwinterung war das Wetter nur an einem einzigen Tag definitiv zu schlecht, und sie blieb daheim in der Röhre. Charly begleitete sie bei zu widrigen Bedingungen, aber meist war sie – zwar mit Funkgerät und GPS ausgestattet – alleine unterwegs. Die gesamte Strecke ist vom Treppenturm bis zur Eingang der Spuso mit Handlaufleinen gesichert.

Die Spuso liegt, wie schon erwähnt, etwa 1,5 Kilometer südlich der Station und ist, wie der IS-Container und die Ballonfüllhalle auch, ein Container, der auf Stelzen steht. In ihm befinden sich zahlreiche Pumpen und Messgeräte, mit denen die Außenluft angesaugt, gefiltert und analysiert wird. Die relativ große Entfernung zur Station ist notwendig, damit die dort genommenen Proben nicht durch die Abgase der Station verunreinigt werden. Karins Aufgabe war die fortlaufende und ganzjährige Erfassung wichtiger gasförmiger und partikulärer Spurenstoffe in der unteren Troposphäre und auch die Beantwortung gezielter Fragestellungen der Chemie der oberen Troposphäre und Stratosphäre. Die Troposphäre ist die unterste Schicht der Atmosphäre, und ihre Dicke (also Höhe von der Erdoberfläche aus) in dem Gebiet der Pole beträgt etwa acht Kilometer, die Stratosphäre grenzt an die Troposphäre an und reicht bis in eine Höhe von etwa fünfzig Kilometer.

Zu den Spurenstoffen zählt man alle Stoffe, die in der reinen antarktischen Luft nur in geringen Konzentrationen vorkommen, wie z. B. Aerosole und Rußpartikel. Das primäre Ziel ihrer Arbeit ist hierbei das bessere Verständnis der atmosphärischen Seite der globalen Spurenstoffkreisläufe.

Bei unserer Ankunft war Karin gerade dabei, einen Luftfilter zu wechseln. Mit diesem Filter werden Aerosole, die zum Beispiel bei offenen Stellen im Meereis entstehen, aus der angesaugten Umgebungsluft gefiltert. Bei dem Filterwechsel musste Karin darauf achten, dass keine Verunreinigung in die Proben gelangte. Ich beobachtete fasziniert, wie sie mit Engelsgeduld fünf Paar saubere Plastikhandschuhe übereinanderzog. Nach jedem Arbeitsschritt musste sie ein Paar Handschuhe wieder ablegen, wodurch die Wahrscheinlichkeit einer Kontamination der Filter möglichst gering gehalten wurde. Anschließend verpackte Karin den »gebrauchten« Filter nacheinander in zwei Tüten, die verschweißt wurden. Einmal pro Woche wurden die Filter gewech-

selt – Karin hielt bestimmt den Handschuhverbrauchsrekord an
der Station – und nach der Überwinterung an das Institut für Um-
weltphysik in Heidelberg und ans AWI geschickt. Die Analyse
dieser Filter war sehr aufwendig und konnte nicht vor Ort durchgeführt werden.

Das gute Wetter blieb uns noch ein paar Tage erhalten, und es war
das erste Mal nach der Polarnacht wieder so hell, dass das Licht
sogar in den Augen schmerzte. Es wurde von den Schneeflächen
so stark reflektiert, dass die Gefahr bestand, ohne Sonnenbrille
schneeblind zu werden. Ich musste zwar etwas suchen, aber endlich fand ich meine Sonnenbrille, die ja nun einige Monate »ar-
beitslos« gewesen war, wieder – von mir aus konnte der Sommer
kommen! Auch die verstaubten Sonnencremetuben wurden wieder aus der Versenkung geholt, denn unsere an die Sonne nicht
mehr gewöhnte mozzarellaweiße Gesichtshaut war jetzt besonders anfällig für Sonnenbrände.

Wir beschlossen, das Wetter zu nutzen und ein Gruppenbild
auf der einen Spalt geöffneten Nordrampe zu machen. Gruppen-
bilder haben auf Neumayer eine lange Tradition, und von jeder
Überwinterungsmannschaft hängt ein Bild in der sogenannten Ahnengalerie: Die Wand des Flurs der Weströhre zwischen
Schmelzenraum und Messe ist schon mit Bildern der Teams bedeckt. Wir waren uns zwar noch nicht sicher, was für ein Bild
wir letztendlich dort aufhängen würden, aber es war immer gut,
schon mal ein Gruppenbild in der Hinterhand zu haben. Also liefen nach dem Frühstück alle »in den Osten« und zogen sich warm
an – bei einer Temperatur um minus vierzig Grad stellt sich die
Frage, was man denn nun besonders Schickes anzieht, zum Glück

nicht, also waren alle relativ schnell fertig. Mirko baute mit kalten Fingern sein Stativ auf, während wir anderen acht uns auf der Rampe niederließen. Er war wohl auch der Einzige von uns, der nicht erbärmlich fror, denn er musste nach jedem Drücken des Auslösers möglichst schnell zurück zu uns auf die Rampe springen und war so immer in Bewegung, während wir schlotternd festsaßen.

22

Auf großer Traverse

Dass es nach so langer Zeit endlich wieder hell wurde, hatte aber nicht nur aufs Gemüt einen positiven Effekt: Die seismologischen Außenstationen sollten eigentlich jetzt von selbst wieder anfangen, Daten zu schreiben.

Für Chris und mich war damit die spannende Zeit des Wartens angebrochen, ob sie das auch tun würden. Die Stromversorgung der Stationen ist relativ schwierig und erfolgt über Solarpanele. Im Winter gehen die Stationen aufgrund der fehlenden Sonne eine nach der anderen aus. Kommt die Sonne zurück, so werden nach und nach wieder Daten geschrieben, erst ein paar Stunden pro Tag, bis schließlich die Strahlung der Sonne ausreicht, um die Akkus wieder vollständig zu laden und wir wieder vierundzwanzig Stunden am Tag Daten erfassen konnten. Die Elektronik vor Ort war alt, aber normalerweise sehr zuverlässig, doch ab und zu passierte es, dass nach der langen Winterausfallzeit die in den Geräten gespeicherten Parametersätze verlorengingen – was für die Überwinterer eine Wintertraverse bedeutete. Normalerweise, wenn die Stationen von selbst wieder auf Touren kommen, wird wie schon erwähnt immer im Sommer eine Traverse gefahren, um notwendige Hochsetz- und Wartungsarbeiten durchzuführen.

Wir waren recht optimistisch, um diese »Winter«-Traverse herumzukommen, da die Zentralseismometer vom Olymp und vom Watzmann beide wieder automatisch anfingen, Daten zu schreiben. Nur das Array, das uns die Richtung einer ankommenden Erdbebenwelle angab, schien sich noch etwas Zeit lassen zu wollen. Wir nahmen an, dass das am erhöhten Stromverbrauch der fünfzehn Arrayseismometer läge – und warteten guten Mutes noch etwas weiter. Für unsere tägliche »Pickarbeit« waren die vom Array ausgegebenen Triggerungen – also Richtungsangaben – allerdings sehr wichtig, da wir anhand dieser die detektierten Erdbeben besser zuordnen und erkennen konnten. Wussten wir die Richtung, aus der eine Welle kam, so war es uns möglich, Rückschlüsse darauf ziehen, in welcher zeitlichen Reihenfolge das Signal auf den verschiedenen Stationen ankommen musste. Diese Information half uns, die detektierten Erdbeben besser international gemeldeten Beben zuzuordnen.

Angespannt warteten wir darauf, ob das Array nicht vielleicht doch von selbst wieder in Gang kommen würde, aber leider war all unser Hoffen und Warten vergeblich gewesen, die Elektronik schien ihre Parameter verloren zu haben, und so war es an uns, eine Wintertraverse vorzubereiten und durchzuführen.

Die zwei Außenstationen Olymp und Watzmann, zu denen wir schon im Sommer zu neunt eine Traverse gemacht hatten, liegen beide etwa hundert Kilometer Fahrstrecke von der Station entfernt. Noch einmal kurz zur Erinnerung: Am Olymp ist die gesamte Elektronik in einer Kiste, welche im Laufe des Jahres bis zu zwei Meter tief einschneit. Der Schneezutrag dort liegt zwischen zwei und drei Metern pro Jahr, was für uns sehr viel Buddelarbeit bedeutet: Die Elektronikkiste, das Seismometer und der Mast müssen einmal im Jahr hochgesetzt werden, da sonst die gesamte Anlage im Schnee versinken würde. Am Watzmann befindet sich nicht nur ein Zentralseismometer, das die Vertikal- und Horizontal-Komponenten einer Erdbebenwelle aufzeichnet, sondern auch ein sogenanntes Array, welches aus fünfzehn Seismometern besteht. Die Seismometer sind ringförmig angeordnet

Wir arbeiteten verschiedenen internationalen Datenbanken zu, unter anderem NEIC (National Earthquake Information Center) und ISC (International Seismological Center). Dort werden die weltweit detektierten Einsatzzeiten von Erdbeben erfasst und gesammelt und der Gemeinschaft der Wissenschaftler zur Verfügung gestellt. Um globale Aussagen machen zu können, ist es vor allem wichtig, weltweit ein möglichst engmaschiges Netzwerk an Messstationen, die kontinuierlich Daten liefern, zur Verfügung zu haben. Auf dem gesamten antarktischen Kontinent (ohne die Halbinsel) gab es zu dieser Zeit sechzehn arbeitende seismologische Stationen – wovon drei vom AWI betrieben, betreut und ausgewertet wurden, eine (Sanae) zusätzlich dazu nur ausgewertet.

Um die »Wichtigkeit« dieser Daten besser einschätzen zu können, ein Vergleich: Allein in Deutschland (die Fläche Deutschlands ist etwas über 350 000 Quadratkilometer, die des antarktischen Kontinents über 13 Millionen Quadratkilometer) gibt es über 140 seismologische Messstationen, die ihre Daten diesem Netzwerk zur Verfügung stellen.

und zeichnen nur die Vertikalkomponente einer ankommenden Bebenwelle auf – unser Sorgenkind.

Es hatte schon lange Zeit vorher immer wieder Diskussionen über die diesjährige Traverse gegeben. Eines der Hauptprobleme war, dass in der nächsten Sommersaison, also Sommer 2007/2008, kein Pistenbully für unsere Arbeiten zur Verfügung stehen würde. In dieser Zeit war der Bau der neuen Station Neumayer III eingeplant, und alle Fahrzeuge würden dafür benötigt werden.

Nach sorgfältiger Abwägung aller Faktoren beschlossen wir

gemeinsam mit René, direkt beim nächsten Schönwetterfenster eine große Traverse zu fahren. Das heißt, beide Stationen anzufahren und die Hochsetzarbeiten schon im Winter durchzuführen. Die Wartungs- und Hochsetzarbeiten mussten in jedem Fall gemacht werden, und so umgingen wir weitere drohende Streitereien und Diskussionen im nächsten Sommer – was erledigt war, war erledigt.

Chris und ich machten uns in den folgenden Tagen daran, unsere Traversekisten durchzuchecken. Ich war angespannter als bei den Vorbereitungen im Sommer, denn jetzt waren wir ganz allein dafür verantwortlich, dass nichts fehlte. Wir nahmen drei Zargeskisten voll Werkzeug, Elektronikbauteile, Mastbauteile, Stahlseile und vieles mehr mit – und hangelten uns an der seit Jahren in der Geophysik bestehenden und immer weiter verbesserten Packliste für die Traverse entlang. Jede der drei Kisten wurde ausgeräumt, alles geprüft und gezählt, jede Zange und jede Schraube inventarisiert, damit unsere Ausrüstung auch ja vollständig war. Dieses Packen unter verschärften Bedingungen bereitete mir echtes Kopfzerbrechen, schon beim Füllen meiner privaten Zargeskisten vor der Abreise nach Neumayer war ich ein Nervenbündel gewesen. Ich hatte immer Angst, etwas zu vergessen, was dann natürlich ganz unbedingt benötigt werden würde. Aber nachdem wir alle Inventurlisten sorgfältig durchgegangen waren, wurde ich langsam wieder etwas ruhiger. Meine Horrorvorstellung, nach zwölf Stunden Fahrt an der Außenstation anzukommen und dann festzustellen, einen speziellen Schraubenzieher nicht dabeizuhaben, verfolgte mich allerdings noch eine Weile.

Auch René, der die Traverse von technischer Seite ausrüstete, arbeitete unter Hochdruck. Ein Wohncontainer und zwei Schlitten wurden aus dem Winterlager geholt. Außer Treibstoff und

Öl mussten auch Ersatzteile für den Pistenbully mitgenommen werden, da sich wohl kein Automobilclub der Welt auf den Weg in diese Umgebung machen würde, um uns zu helfen. Vor allem musste bedacht werden, dass bei Temperaturen um die minus fünfundvierzig Grad, wie sie zur Zeit herrschten, die Beanspruchung des Fahrzeugs und der Verschleiß der Reifen und Schläuche ein ganz anderer war als im Sommer bei vergleichsweise gemütlichen minus zehn Grad.

Auch Mike war fleißig am Packen, er kümmerte sich mit Chris um die Proviantierung, und da er sich als Koch nicht lumpen lassen wollte, waren alle möglichen Leckereien mit an Bord. Schon im Vorfeld plante er, was er alles Gutes für uns zubereiten würde, und ließ sich auch nicht von uns davon überzeugen, dass ein paar Dosensuppen oder Fünf-Minuten-Terrinen für die paar Tage bestimmt ausreichen würden.

Mirko war in der Zeit vor der Abreise öfter auf dem Dach des Wohncontainers anzutreffen, wo er eine lange Funkantenne installierte. Dadurch hatten wir während der Traverse den maximalen Funkkomfort – wir konnten nicht nur aus der Führerkabine des Pistenbullys die Station anfunken, sondern auch aus unserem »Wohnzimmer« im Container.

Natürlich waren uns beim Packen und Planen der Traverse die Erfahrungen hilfreich, die wir im Dezember bei der Sommertraverse gesammelt hatten, aber eine Traverse im Winter wird unter anderen Voraussetzungen gefahren. Im Sommer bestünde immer noch die Möglichkeit, mit einem Helikopter oder einem Flugzeug Notversorgung zu bekommen, im Winter allerdings ist dies aussichtslos, da der Flugverkehr in der Antarktis sich noch im Winterschlaf befindet.

Deswegen bereitete Charly uns zusätzlich aus ärztlicher Sicht auf die Traverse vor, und die medizinische Ausrüstung wurde noch einmal genauestens durchgesehen. Einen Tag vor der Abfahrt versammelten Chris, René und ich uns dann im Hospital, wo wir eine weitere Spezialausbildung erhielten: das Nähen von Wunden.

Mike hatte uns netterweise ein großes Stück Schweinebauchspeck spendiert, und nachdem der »Patient« fachgerecht entkleidet – das heißt aus seiner Folie befreit – und auf den OP-Tisch gelegt worden war, zeigte Charly uns, wie die Nadel mit der Zange gehalten werden sollte, die Stich- und die Knotentechnik, und dann waren wir an der Reihe. Ein bisschen komisch kam ich mir schon vor, da saß ich mitten in der Antarktis, trug sterile Handschuhe und kämpfte mit Zange und Nadel, um einen von mir selbst »verletzten« Bauchspeck wieder zuzunähen. Nachdem unsere Sticheleien den prüfenden Blicken von Charly standgehalten hatten, wurden wir entlassen und waren bereit zur Abreise.

Es war nun so weit alles gepackt, dass wir bei einer guten Wetterprognose innerhalb von einem Tag aufbrechen könnten. Wie so vieles hier, hing der Zeitpunkt vor allem vom Wetter ab, auf das wir leider keinen Einfluss hatten.

Am 15. September war es so weit, wir machten uns pünktlich um 9 Uhr auf die Reise. Mit an Bord waren Mirko, Mike, René und natürlich Chris und ich. Schon bei der Hinfahrt merkten wir, dass eine Wintertraverse von

ganz anderem Kaliber war als eine Sommertraverse. René und Mike saßen vorne im Bully und fuhren, Chris, Mirko und ich versuchten uns hinten im Wohncontainer irgendwie einzukeilen – denn der Container schwankte wie ein Schiff auf hoher See.

Fasziniert beobachtete ich am Fenster, wie der Horizont mal oben, mal unten aus dem Rahmen verschwand. Ein Fünfzig-Liter-Ölfass, das unter der Küchenanrichte stand, wanderte munter durch den gesamten Container, und mir wurde der Sinn der vielen Häkchen an sämtlichen Geschirr- und Vorratsschränken bewusst. Mehrmals mussten wir aufspringen und die Containertür wieder schließen, die durch das Gerüttel aufgegangen war, und den Werkzeugkoffer wieder verstauen, der versuchte, über die Stufe nach draußen in die Freiheit zu entkommen.

Der Schnee war durch die Kälte so hart, dass er fast nicht nachgab, und bei einer Pause stellte ich fest, dass hinter dem gesamten Bullyzug, bestehend aus dem Fahrzeug, dem Wohncontainer und zwei Schlitten, beladen mit Sprit, Öl, Skidoo und anderem, nicht gerade leichtem Zeug, die Spuren, die wir hinterlassen hatten, nur etwa einen Zentimeter tief waren – kein Wunder, dass ich auf der Sommertraverse während der Fahrt lesen konnte, denn damals war der Schnee weich und leicht angeschmolzen gewesen – jetzt allerdings musste ich mich aufs Musikhören beschränken. Chris gab nicht auf und probierte es immer wieder mit dem Lesen, von Zeit zu Zeit schaffte sie sogar ein paar Seiten.

Nach etwa sechs Stunden Fahrt hatten wir die erste Panne. Einer der Hartgummireifen des Bullys begann sich aufzulösen, der Verschleiß war bei diesen Temperaturen einfach zu hoch. Wir hatten natürlich einen Ersatzreifen dabei – aber eben nur einen. Nach Rücksprache mit der Station beschlossen René und Mike, die Hälfte der Strecke mit dem Skidoo zurückzufahren, um etwa in der Mitte Charly und Karin zu treffen, die weitere Ersatzteile und vor allem noch einen Reifen mitbringen würden. Also wurde mit dem Kran der Skidoo abgeladen, und wir restlichen drei machten es uns im Container gemütlich, während wir auf die anderen warteten.

Als diese durchgefroren wieder zurückkehrten und der Reifen gewechselt war, ging es nach ein paar Tassen heißem Tee weiter, und noch am Abend erreichten wir den Watzmann.

Unsere »Wetterfee« Claudia hatte uns nicht zu viel versprochen: Während der fünf Tage, die wir unterwegs waren, war der Himmel stets klar, und vor allem herrschte Windstille, was die niedrigen Temperaturen relativ erträglich machte. Natürlich war es trotzdem unmöglich, länger als ein bis zwei Stunden am Stück draußen zu arbeiten. Wir hatten unsere dickste Kleidung eingepackt, und bevor es an die Arbeit ging, zog ich mehrere Schichten Klamotten an: Thermounterwäsche, eine Fleecehose, einen Schurwollpullover, eine Fleecejacke und darüber den Tempex, an den Füßen zwei bis drei Paar Strümpfe und die dicken Polarstiefel. Dann kam noch die Vermummung des Gesichts: Ich trug immer einen Fleeceschlauch um den Hals, ein bis zwei Mützen, eine Sturmhaube und darüber die Kapuze des Tempex. An die Hände kamen bei dieser Witterung mindestens zwei paar Handschuhe – und »schon« konnte es losgehen.

Bei den anstrengenden Grabearbeiten kam ich sogar teilweise richtig ins Schwitzen und musste eine meiner zahlreichen Schichten ablegen. Der Schwachpunkt waren hauptsächlich die Hände: Bei feineren Arbeiten wie zum Beispiel der Erneuerung der Abspannungen der Masten konnte man nur dünne Handschuhe tragen, und nach kürzester Zeit verlor man das Gefühl in den Händen.

Wir hatten zwar, wie gesagt, schönes Wetter erwischt, aber leider auch das kälteste: Selbst an der Station, die tiefer liegt und wo es im Schnitt etwa fünf Grad wärmer war als bei uns, lag die Tagesmitteltemperatur an diesen fünf Tagen fast immer unter minus sechsundreißig Grad. Dementsprechend »interessante« Erfahrungen machten wir während dieser Traverse: Zum Beispiel sollte man nie ohne Handschuhe etwas Metallisches anfassen, da man sofort die weißlichen Anzeichen von Erfrierungsblasen auf der Haut zu sehen bekommt. Nahm man kaltes Wasser zum Zähneputzen und ging mit seinem Becher nach draußen, so hatte man das Gefühl, das Wasser würde kochen – der Dampf, der davon aufstieg, war weitaus mehr als über einer Glühweintasse auf dem Weihnachtsmarkt. Wollte man während der fünf Tage feuchtes Toilettenpapier benutzen, so gelang das definitiv nicht: auf den paar Metern Weg zwischen Wohncontainer und der aufgestellten Toilettenkabine gefror das Papier sofort und war steinhart. Außerdem sollte man sich bei den Herstellern beschweren: auch die Klebestreifen von Slipeinlagen versagen bei solchen Temperaturen …

Anders als in der Sommersaison war auch, dass es Nacht wurde. Im Sommer während des Polartages konnte man gut auch bis Mitternacht arbeiten, aber bei uns endete der Tag jeweils um etwa 18 Uhr – es wurde dunkel und dadurch noch kälter. Das Gefühl, wenn ich abends nach dem Essen mit Mike noch schnell draußen eine Zigarette rauchte, werde ich nie vergessen: Auch wenn der Himmel an der Station derselbe ist, so war es doch etwas völlig anderes, hier in der absoluten Einöde zu stehen und diesen atemberaubenden Himmel zu sehen – und zu wissen, dass es weit und breit nichts anderes gibt als Eis und Schnee. Die Milchstraße hätte wohl eher den Namen Milchautobahn verdient gehabt, und neben ihr funkelten die Sterne um die Wette. Der Schnee glitzerte silbern, und es herrschte eine fast gespenstische Stille, nur ab und zu hörte man das leise Knistern der Glut, wenn Mike und ich an unseren Zigaretten zogen.

Trotz der nächtlichen Zwangarbeitspausen schafften wir es, an beiden Stationen alles so schnell wie vorgesehen zu erledigen, und nach fünf Tagen ging es zurück in Richtung Neumayer.

Als wir dort ankamen, hatten die anderen schon das »Welcome

to Neumayer«-Schild nach oben gebracht, und mir schossen die Tränen in die Augen, als ich die vier da stehen und winken sah, immerhin waren wir seit der letzten Traverse – also seit mehr als neun Monaten – nicht mehr so lang getrennt gewesen. Nachdem alle umarmt und geknuddelt waren, ging es als Erstes unter die Dusche – vor allem bei mir war das dringend notwendig, ich hatte den traverseinternen »Fettkopf«-Wettbewerb gewonnen, und die anderen munkelten sogar, ich hätte eine geheime Bürzeldrüse. Allerdings konnte ich mich immer mit dem während der Vorbereitungszeit gelernten Wissen, wie man sich am besten gegen Kälte schützt, verteidigen: »Allow natural oils to accumulate.«

In den nächsten Tagen wurden die Schlitten und der Wohncontainer leergeräumt – und langsam neigte sich der September dem Ende zu.

Nach einem Monat konnten wir in diesen Tagen auch endlich wieder einmal zu den Pinguinen fahren. Die Kleinen waren in der Zwischenzeit schon gefiedert genug, um die Bauchfalte der Eltern zu verlassen und draußen herumzulaufen, und der Lärm an der Kolonie war nicht zu verachten. Die Jungtiere waren inzwischen etwa zwanzig Zentimeter groß und irrten teilweise allein auf der Suche nach einem ihrer Elternteile in der Kolonie herum. Zu dieser Zeit bildeten sich auch langsam die sogenannten Kindergärten: Viele Jungtiere standen gemeinsam beisammen und wärmten sich gegenseitig, während sie auf die Eltern warteten, die noch auf Futtersuche waren.

Ich legte mich in der Nähe der Kolonie auf den Boden und verhielt mich ruhig. Ich hätte – wäre es nicht so kalt gewesen – stundenlang dort liegen bleiben können. Die kleinen Federbälle

liefen tapsig hin und her und riefen nach Futter. Ich sah auch mehrere Junge, die kurz vor dem Verhungern beziehungsweise Erfrieren waren, sie standen zitternd etwas abseits, und waren auch sehr viel dünner und kleiner als die anderen. Ich fühlte mich hilflos, aber ich konnte nichts dagegen tun. In der Umgebung der Kolonie fanden wir mehrere tote und gefrorene Jungtiere – diese lebensfeindliche Umgebung fordert eben Opfer.

23

Antarktische Verstimmung

Ein eher zweifelhafter Höhepunkt Ende September war, dass es das erste Mal während unserer Überwinterung notwendig war, die Schmelzenscheibe herauszunehmen und einen Pfropfen von unten zu entfernen.

Das Befüllen der Schmelze ist immer eine Gratwanderung. Im Inneren des etwa zwölf Meter langen Fallrohrs mit einem Meter Durchmesser befand sich oberhalb des beheizten Teils eine Lampe. Diese sollte immer noch zu sehen sein, denn schippte man zu viel, so war der Schneeberg in der Schmelze schon so hoch, dass er sich bis in den unbeheizten Teil des Rohrs auftürmte – und dieser Schnee fror im Normalfall fest, und man hatte einen der verhassten Pfropfen produziert. Solange das Schmelzenlicht also von oben noch zu sehen war und man von unten ein Platsch hörte, bzw. das Plopp des Schnees, der auf den schon in der Schmelze befindlichen Schnee fiel, noch nicht allzu dumpf klang, konnte man getrost noch ein bisschen weiterschippen. Aber eben nur ein bisschen – und darin lag die Kunst: abzuschätzen, wann die Schmelze wirklich voll war.

Während der Polarnacht war das Licht immer sehr gut zu sehen, und man brauchte von unten keinen Helfer, der Alarm schlug, sobald die Schmelze voll war. Bei Sonnenschein und vor allem bei Sturm, Bodenfegen oder Schneedrift war das Licht im Inneren des Schmelzenrohrs allerdings sehr schlecht zu erkennen, man musste sich teilweise auf den Boden legen, sich am

Schmelzengitter festhalten und den Kopf in das Rohr stecken, um überhaupt eine Chance zu haben, das Licht zu erspähen beziehungsweise den Aufprall des Schnees im Schmelzenbehälter zu hören. Deswegen beobachtete in solchen Fällen meist jemand von unten die Schmelze und betätigte den Lichtschalter eines Halogenstrahlers, sobald der Schmelzentank voll war. Dieser Strahler ist an einem Lüftungsrohr direkt neben der Schmelze befestigt. Der einzige Nachteil dieser Technik ist, dass dieses Licht nicht besonders sichtbar ist, wenn es draußen sehr hell ist.

Eigentlich waren wir während unserer Überwinterung schon sehr fit darin geworden, die Pfropfen loszuwerden, ohne dafür unten in der Röhre den Schmelzentank zu öffnen. Es gab verschiedene Techniken: Charly sah man von Zeit zu Zeit mit zwei Zwanzig-Liter-Kanistern heißem Wasser nach oben keuchen, deren Inhalt er dann in den Schmelzenschacht kippte, um den Pfropfen »weichzukochen« und ihn zum Durchrutschen zu bringen.

Micha hingegen hat die Schäkeltechnik eingeführt: oben im Treppenturm lagen zwei etwa zehn Kilo schwere Schäkel, die an einem langen Seil befestigt waren. Dieses Seil brachte man am Gitter des Schmelzenschachts an und ließ die Schäkel langsam nach unten. Hatte man den Pfropfen erreicht, zog man die Schäkel etwa einen Meter wieder hoch und ließ sie wieder und immer wieder auf den Pfropfen fallen, bis dieser sich (hoffentlich) löste und nach unten durchfiel.

René hatte sich darauf spezialisiert, die Temperatur im Schmelzentank hochzufahren und geduldig zu warten, bis der Pfropfen einfach von selber durchrutschte.

Ich wandte am liebsten die Schäkeltechnik an, da ich es mir einerseits nicht zutraute, vierzig Liter Wasser den Turm hochzuschleppen, und da es andererseits in meinen Ohren kein schöneres Geräusch gab, als wenn nach mehrmaligem »Beschäkeln« des Pfropfens dieser unter lautem Platschen und Blubbern im warmen Wasser des Schmelzentanks landete.

Doch zurück zum erstmaligen Öffnen des Schmelzentankfensters: Charly und René hatten oben geschippt, und Mike passte unten in der Röhre am Schmelzenfenster auf. Als die Schmelze voll war, machte er den Halogenstrahler an, der aber bei strahlendem Sonnenschein von den beiden übereifrigen Schippern wohl erst etwa drei Minuten später wahrgenommen wurde, und so hatten wir ein wahres Pfropfenprachtstück.

Nach etwa drei Stunden ging Charly das erste Mal mit Heißwasser nach oben, aber der Pfropfen kam nicht runter. So schnell gab Charly natürlich nicht auf, er ging nach oben, um den Pfropfen mit den Schäkeln zu bearbeiten. Nach etwa fünfundvierzig Minuten war er wieder unten, Schnee hing ihm an den Augenbrauen, und er war außer Atem: Er hatte die Schäkel ungefähr fünfzigmal auf den Pfropfen fallen lassen – ohne Erfolg. Nichtsdestotrotz wollte er nach einer kleinen Erholungspause noch einmal nach oben gehen und weitermachen. Doch schon nach kurzer Zeit kam ein Funkspruch von ihm: Der Schäkel hatte sich im Schmelzenrohr verhakt und war nicht mehr hochzuziehen. Und die Gefahr, das Rohr durch rohe Gewalteinwirkung zu beschädigen, war zu groß. Durch die Kraft der Schneemassen und die Bewegung des Eises, in dem sich die Station wie eingegossen befindet, war das Schmelzenrohr schon verbogen, und an einigen Stellen hatten sich Spalten zwischen den einzelnen Rohrelementen gebildet.

Also musste dann doch das Fenster geöffnet werden, und Charly kam – wenn auch unfreiwillig – nach zehn Monaten auch mal wieder zu einem Bad. Der Tank wurde bis unterhalb des Fensters geleert, Charly kletterte hinein und bearbeitete den Pfropfen von unten mit einer Schaufel, bis er ihm entgegenkam. Dieser Pfropfengigant hatte an die eineinhalb Meter hoch im unbeheizten Rohr gehangen und wäre wohl auch mit tausend Schäkelschlägen nicht zu lockern gewesen.

Die Schäkel konnten auch wieder enthakt werden, und Charly war für diesen Tag unser tapferer Pfropfentöter – er hatte von dem Kampf mit dem Pfropfen mehrere Schrammen und blaue Flecken davongetragen und schlief beim abendlichen Fernsehen schnell erschöpft auf dem Sofa ein.

Anfang Oktober war ich mal wieder mit einer DI-Messung an der Reihe. Zu dieser Zeit schien die Sonne schon über dreizehn Stunden am Tag. Ich zog mich warm an und steckte meine Sonnenbrille ein. Draußen war schönstes Wetter – nur leider war es relativ windig.

Als ich die neunzig Stufen des Treppenturms hinter mich gebracht hatte und die Tür aufmachte, fiel ich fast auf den Rücken: draußen war es so unglaublich hell, wie ich es seit Monaten nicht mehr gesehen hatte. Keine Wolke und die Sonne fast senkrecht am Himmel. Also setzte ich meine Sonnenbrille auf und machte mich auf den Weg. Schon nach ein paar Metern merkte ich, dass das keine so gute Idee gewesen war. Der Wind war zwar nicht besonders stark, aber da es minus siebenundzwanzig Grad hatte, fingen meine Nase und meine Wangen nach kürzester Zeit an zu schmerzen. Ich zog meinen Halsschlauch über die Nase, mit dem Effekt, dass die Sonnenbrille durch meinen Atem beschlug.

Bei diesen Temperaturen war es fast unmöglich, eine Brille

und eine Gesichtsmaske zu tragen, denn die Brille beschlägt nicht nur, sondern der Hauch friert auch sofort an den Gläsern fest. Wenn das passiert war, hatte man eigentlich keine Chance mehr und musste die Brille absetzen und warten, bis man wieder an einem wärmeren Ort war, damit das Eis von den Gläsern wieder abtaute. Ich fluchte innerlich, hielt mir die Hand schützend vors Gesicht und hoffte, dass ich so den beißenden Wind abhalten und die Brille aufbehalten könnte.

Als ich beim Observatoriumsschacht angekommen war, wurde meine Laune noch schlechter: Am Deckel des Schachts waren immer noch so viele Eiskristalle, dass ich richtig ins Schwitzen kam, als ich ihn hochwuchtete. Mir wurde wieder einmal bewusst, wie sehr sich meine Auffassung während der jetzt schon zehn Monate in der Antarktis verändert hatte: Noch vor ein paar Monaten stand ich staunend vor dem Observatoriumsdeckel und bewunderte wie verzaubert die Eiskristalle. Jetzt empfand ich sie zwar immer noch als schön, aber auch als lästig, schwer und – na ja, mal wieder Eiskristalle halt, die wachsen hier überall und sehen auch immer ähnlich aus.

Nach der Messung machte ich mich auf den Heimweg, und nun musste ich wirklich aufgeben und die Sonnenbrille absetzen. Der Wind kam schräg von vorn, und die Sonne stand leider im Norden, also genau in meiner Blickrichtung. Ich zog meinen Schlauch so weit hoch und die Kapuze des Tempex so weit herunter, wie es ging, so dass ich nur noch einen etwa einen Zentimeter großen Sehschlitz hatte, durch den ich ein etwa einen Quadratmeter großes Stück der Schneeoberfläche vor mir sehen konnte, und trotzdem schmerzten meine Augen.

Und wie schon öfter in letzter Zeit sehnte ich mich zurück nach der Polarnacht. Wie war das schön gewesen, man konnte

hocherhobenen Hauptes dick eingemummelt durch den Wind gehen, und am Himmel waren die wunderbarsten Dämmerungsfarben zu sehen. Die Antarktis war oft in ein sanftes Rosa getaucht, und alles erschien durch das milde Licht irgendwie warm.

Doch mit der Rückkehr der Sonne hatte die Antarktis in meinen Augen auch wieder mehr von ihrer kalten und lebensfeindlichen Ausstrahlung zurückerhalten: Außer bei Sonnenauf- und -untergang herrschte draußen helles und grelles Licht. Die beiden einzigen außerdem noch existierenden Farben waren weiß und blau. Eigentlich sollte ich mich als Bayerin ja darüber freuen, aber mit der Zeit wurde diese Farbkombination selbst mir etwas zu eintönig.

Und dazu noch die Sonnenbrille als ein Quell ewigen Ärgers. Überspitzt ausgedrückt: Bei den zur Zeit vorherrschenden Temperaturen und vor allem Windgeschwindigkeiten musste man sich also entscheiden, ob man sich lieber die Nase abfror und sein Augenlicht rettete oder die Nase behielt und dafür blind wurde.

Als ich endlich die Station erreicht hatte, war ich richtig ge-

reizt. Die ganze Antarktis ging mir in dem Moment auf den Geist, die Sonne, der Schnee, die Handlaufleine, der Treppenturm, einfach alles.

Im Dunkel des Treppenturms riss ich mir erbost Kapuze, Mütze und Schlauch vom Kopf und stampfte wütend nach unten, während ich vor meinen Augen lauter kleine schwarze Punkte tanzen sah. Manchmal hasste ich es einfach, hier zu sein. Und durch die mangelnde Ablenkung von außen konnte einem sogar ein vermiester Gang zum Messen die Laune verderben.

Normalerweise genoss ich den Weg zum Observatorium und zurück immer sehr, alleine diese paar hundert Meter Distanz zur Röhre machten oft sehr viel aus. Gerade, wenn ich mich über etwas geärgert hatte, das mir im immer gleichen Inneren der Station ohne Pause im Kopf herumrumorte, so verflog das am einfachsten auf dem Weg zum Messen und wieder zurück.

Doch an diesem Tag hatte der Weg quasi einen entgegengesetzten Effekt gehabt – gutgelaunt hatte ich mich auf den Weg gemacht, und schlechtgelaunt kam ich wieder zurück.

24

Die Einsamkeit endet

Inzwischen war es Anfang Oktober geworden und die Ankunft des ersten Fliegers war schon zum Greifen nahe: nur noch fünf Wochen, nur noch vier Wochen, nur noch drei Wochen, nur noch zwei Wochen …

Einerseits hatte ich das Gefühl, dass die Monate nur so verflogen waren, gerade durch die Traverse hatten wir in der eher eintönigen Zeit nach der Polarnacht noch etwas »Spezielles« erlebt. Aber die letzten Wochen dehnten sich wie ein Kaugummi. Und zwar wie einer, der schon sehr viel von seinem Geschmack verloren hatte: Wieder mal ein Sturm, wieder mal ein Pfropfen in der Schneeschmelze, wieder mal morgens aufstehen und ins Büro gehen. Und immer wieder dieselben Gesichter sehen, Tag für Tag, bei jeder Mahlzeit und in der Freizeit.

Irgendwie war alles so normal geworden, das Hiersein, der Schnee, die Röhre, die Arbeit. Einfach Routine, und es passierte nichts mehr. Ich empfand einen gewissen Überdruss, ich hatte das Gefühl, alles gesehen zu haben und dass sich jetzt alles nur noch wiederholen würde.

Die Sehnsucht nach meinem Zuhause nahm immer mehr zu, mal wieder mit Freunden in ein Café gehen, bei meiner Familie sein, abends zum Essen oder ins Kino gehen. Oder einfach mal wieder etwas Neues zu entdecken – Not macht zwar erfinderisch, was ich an mir selbst in meinen Handarbeitsphasen ja auch bemerkt hatte, aber es ist doch nicht das Gleiche, wie durch die

Stadt zu schlendern und in die Schaufenster zu schauen, selbst wenn man gar nichts kaufen möchte.

Auch in der Gruppe merkte ich, dass wohl alle langsam des Röhrenlebens etwas überdrüssig wurden. Die Mahlzeiten fielen oft kürzer aus als noch vor ein paar Monaten, und häufig wurde fast nicht geredet während des Essens. Ich empfand dieses Schweigen nicht als störend oder beklemmend, aber es war doch ein sicheres Zeichen dafür, dass wir uns langsam alles erzählt hatten. Was sollte man auch die ganze Zeit reden? Inzwischen wusste man ja ohnehin, was die anderen so den Tag über taten, da gab es also nicht mehr viel zu besprechen. Die Themen, die noch am häufigsten angeschnitten wurden, waren Planungen für die Zeit nach der Antarktis, Steuererklärungen und Dinge, die übers Internet-Radio zu uns kamen. Sei es die Fußballbundesliga oder das Rauchverbot – eben Sachen von draußen.

Etwa zwei Wochen vor Ankunft der Sommergäste hatte ich das Gefühl, dass das Gruppenleben wieder einen höheren Stellenwert bei vielen von uns hatte und als wertvoller empfunden wurde – öfter als zuvor wurde am Abend gemeinsam ein Film gesehen (immerhin fehlten uns noch mehrere James-Bond-Streifen aus der gesammelten Reihe), und wenn jemand nicht so viel Lust hatte, kam schnell von allen Seiten das Argument, dass wir nicht mehr lange Zeit haben würden, so gemütlich zusammenzusitzen.

Ich genoss diese Phase sehr, auch wenn durch die Vorbereitungen für die Sommersaison die Stimmung teilweise etwas angespannt war.

Schon eine Woche vor dem geplanten Landetermin der ersten Gäste zogen wir jeweils zu zweit in die Kammern. Ich holte die silbernen Zargeskisten aus dem Zwischengang und räumte zwei von ihnen wieder ein und einen meiner Schränke aus, um für Mirkos Sachen Platz zu machen. Vieles wanderte völlig unberührt zurück in die Kisten – da hatte ich mir wohl etwas viel vorgenommen mit den Dingen, die ich alle machen wollte, damit es mir hier nicht so unheimlich langweilig würde. Allein die Wolle, die ich aus dem Nähzimmer räumte, füllte fast eine Kiste, und viele Bücher kamen in die Rückfracht, ohne dass ich sie auch nur aufgeschlagen hatte – aber vielleicht werde ich ja irgendwann in meinem Leben Zeit haben, alle Bücher, die mit mir in der Antarktis waren, zu lesen und alle »antarktische« Wolle zu verstricken …

Natürlich wollten wir bei der Ankunft der Gäste schick sein, und so war im »Salon Nora« auch nur schwer ein Termin zu ergattern. Während des gesamten Winters war ich die Stationsfriseurin gewesen, der Salon befand sich im Waschraum, die Kunden saßen in Ermangelung eines Frisierumhangs meist sehr leicht bekleidet auf dem kleinen hölzernen Friseurhocker. Oft hatten wir über diese etwas andere Art, Haare zu schneiden, unsere Witze gemacht, und ich warnte meine »Kunden« stets davor, zurück in der normalen Welt, auf die Idee zu verfallen, sich beim Friseur bis auf die Unterwäsche zu entkleiden … Mike, Mirko, Karin und Charly – meine Stammkunden – wurden also noch einmal frisch geschoren und bekamen eine gepflegte Sommerfrisur.

Anfang November war es dann wirklich so weit: In Deutschland machte sich ein Sommergast nach dem anderen auf in Richtung Kapstadt, und am 2. November hob die Iljushin von dort aus in Richtung Antarktis ab. Für uns alle, aber vor allem für Claudia, René, Micha und Charly, wurde es richtig spannend: Die Iljushin sollte morgens 3.30 Uhr auf Novo landen, und von dort aus möglichst schnell, also gegen 6 Uhr, sollte eine Basler mit nur neun Personen, die zunächst zu uns auf die Station kommen würden, in Richtung Neumayer losfliegen.

Das Ganze war etwas brenzlig, da die Tage zuvor noch ein Sturm über Neumayer gewütet hatte und so die vorher von René präparierte Flugpiste jetzt eher einer Rallyestrecke glich. Bis zur letzten Minute blieb es ungewiss, ob die Maschine auf Novo überhaupt abheben würde, Claudia war ab 3 Uhr wach und gab immer wieder Wetterdaten durch. Dann stand es endlich fest: Sie würden wirklich versuchen, hierher zu gelangen, und der Flieger war in der Luft. Also Mirko an den Funk, René, Charly und Micha raus auf die Piste, um dort noch Flaggen zu stecken und die gröbsten »Schlaglöcher« zu flicken, Mike bereitete etwas zu essen vor, Claudia kümmerte sich um das Flugwetter, und wir restlichen Mädels warteten auf Anweisungen, was es wohl noch zu tun gab. Ich putzte schnell noch mal das Klo – es sollte ja alles schön sauber sein, wenn das erste Mal seit so langer Zeit wieder Gäste kamen!

Um Viertel nach acht war die Aufregung groß, Nebel war aufgezogen! Der Wind hatte völlig unerwartet auf Nordost gedreht, so wurde der Nebel von offenen Stellen im Meereis zu uns getragen, und es sah nicht gerade so aus, als hätte er die Absicht, schnell wieder zu verschwinden. Die Sichtweite verringerte sich auf unter 100 Meter, und Kontraste waren kaum noch zu erkennen. Wir hofften zwar weiter, dass es vielleicht doch wieder besser werden würde, aber um kurz vor 9 Uhr kam der Funkspruch aus dem Flieger, dass er umkehren und zurück nach Novo fliegen würde.

Ich war enttäuscht, hatte ich mich doch, wie wohl wir alle, sehr auf die Gäste gefreut. Durch die Ungewissheit und die Anspannung hatte die Stimmung in der Gruppe während dieser

Wartephase einen Tiefpunkt erreicht, und ich hatte gehofft, dass durch die Ankunft einiger Leute, die wir schon vom letzten Jahr kannten, eine gewisse Entspannung der Situation eintreten würde. Ich befürchtete, dass es in den letzten Tagen unserer Überwinterung noch zu einem großen Streit kommen würde – obwohl der Zeitpunkt eigentlich unlogisch war: Jetzt hatten wir es alle so lange miteinander ausgehalten, uns bemüht, zurückgenommen, ein bisschen in die Gruppe hineingebogen, und vor allem nie den guten Willen verloren, zusammenzuhalten, und jetzt sollte es gegen Ende doch noch richtig krachen?

Es konnte natürlich verschiedene Gründe geben, warum sich die Situation gegen Ende zugespitzt hatte: Vielleicht war man in Anbetracht der nahenden »Erlösung« weniger gewillt, gewisse Dinge zu ertragen und zu tolerieren? Oder ist einfach nach acht Monaten das Maß voll, und man tut sich immer schwerer, sich unter Kontrolle zu halten und Konflikte friedlich zu lösen?

Meine Befürchtung einer Eskalation bewahrheitete sich zum Glück nicht, nach einer Aussprache und nachdem alle wieder ruhiger waren und die Enttäuschung verwunden hatten, war ich mir sicher, dass wir die kurze Zeit – denn lange konnte es jetzt ja nicht mehr dauern – bis zur Ankunft des Fliegers auch noch friedlich hinter uns bringen würden.

Die nächsten Tage ging es hin und her: Claudia wetzte durch die Gänge und versuchte so gut es ging den Kollegen vom Deutschen Wetterdienst zu unterstützen, der mit den restlichen Sommergästen auf Novo Airbase festsaß und dadurch unter erschwerten Bedingungen Flugwettervorhersagen machen musste. Die Novo Airbase Station – Zeltstadt würde es wohl besser treffen – verfügte über keine Satellitenstandleitung, und so war er verstärkt auf Claudias Hilfe und Informationen angewiesen. Zwar konnte er nach zwei Tagen wenigstens via Iridium-Telefon kleinere E-Mails und somit Wetterkarten empfangen, aber dennoch erschwerte ihm dieser ungewollte Aufenthalt seine Arbeit sehr.

Was die Stimmung unserer neun ersten Gäste auch nicht sehr hob, war, dass zu dem Zeitpunkt (dieser Flug war der erste der Saison zur Novo Airbase gewesen) die Zeltstadt noch nicht vollständig aufgebaut und der Platz deshalb sehr beschränkt war. Wie wir bei der Anreise schon am eigenen Leib erfahren hatten, ist die Unterbringung am Airfield nicht sehr komfortabel, aber wir hatten wenigstens den Vorteil gehabt, dass bei unserem dreitägigen Aufenthalt dort gutes Wetter gewesen war und wir so die Möglichkeit hatten, nach draußen zu gehen, um ein bisschen frische Luft zu schnappen – was auch manchmal dringend nötig war, denn am Airfield gab es zwar »tröpfelnd« (fließend wäre übertrieben) Wasser, aber keine Möglichkeit, sich richtig zu waschen oder gar zu duschen. Im Fall unserer gestrandeten Sommergäste jedoch tobten Stürme und teilweise Blizzards über die Zelte, so dass sie letztendlich eingepfercht fünf Tage in der Airbase verbringen mussten.

Als sollten wir mit den anderen leiden, ging uns sozusagen aus Solidarität an dem Tag, als der Flieger hätte landen sollen, das Klopapier aus. Keine Rolle mehr in der ganzen Station – an sich nicht zu tragisch, sollte man denken, es gibt ja noch Küchenrollen und Papiertaschentücher! Allerdings darf man hier nicht von einem deutschen Abwassersystem ausgehen, und Küchenrolle und vor allem Tempos der neuen Generation haben die in der Werbung hochgepriesene Eigenschaft, sehr reißfest zu sein und sogar den Kochwaschgang zu überstehen, ohne zu zerfallen! Prinzipiell ja sehr schön, aber nicht gesund für die kleine stationsinterne Kläranlage und die Abwasserpumpen, die in kürzester Zeit verstopfen würden.

Wir überlegten hin und her und einigten uns schließlich darauf, die dünnen Papierservietten zu Toilettenpapier umzufunktionieren, nachdem ich in der Küche in einer Plastikschüssel eine kleine Löslichkeitsversuchsreihe unternommen hatte und diese als klare »Zerfalls«-Sieger aus dem Wettkampf hervorgegangen waren.

Wir schienen die erste Überwinterung zu sein, der das Klopapier ausgegangen ist, und während des Wartens auf den Flieger wurden wir immer wieder von den auf Novo Festsitzenden gehänselt, dass wir doch viel mehr Sehnsucht nach unserem Klopapier als nach ihnen hätten.

Die noch übrigen Tage vergingen schleppend. Nachdem die erste Euphorie verflogen war und die große Enttäuschung darüber eingesetzt hatte, dass der Flieger wieder umkehren musste, war auch meine Anspannung einem erstaunlichen Gleichmut gewichen. Natürlich würde ich mich sehr freuen, wenn sie denn nun endlich kämen, aber irgendwie war es mir zu dem Zeitpunkt total egal. Wir genossen noch die letzten Abende, ein letzter James Bond, ein letztes Mal Sauna im kleinen Kreis, aber wirklich Abschied genommen von der Überwinterung hat wohl jeder für sich alleine.

Am 8. November hatte das Warten dann endlich ein Ende: Es stand fest, dass die Flieger (ein neuer Plan sah vor, dass Fracht und Personen mit zwei Flugzeugen hier bei uns landen sollten) wirklich am Nachmittag eintreffen würden. Im ersten Flieger sollten die Gäste und der Frischproviant ankommen, im zweiten, nur zehn bis fünfzehn Minuten später, die restliche Fracht, also wissenschaftliche Geräte, Privatgepäck, unsere Päckchen von daheim und vieles mehr.

Chris und ich nutzten die Zeit bis zur Landung des Fliegers, um mit den Skidoos nach draußen zu fahren und eine Vermessung zu machen. An Bord der Maschine waren auch Logistiker, die die ersten Einmessungen für den Bau der Neumayer-III-Station machen und mit dem Ausheben der Baugrube beginnen sollten. Hierfür hatten wir schon eine Woche zuvor zwei Punkte eingemessen, die sich jedoch schon wieder ein paar Meter verschoben hatten – die Bewegung des Eises ist bei einer auf 1,6 Meter genauen GPS Messung nicht zu vernachlässigen.

Ich war froh, dass wir noch etwas draußen zu tun hatten und nicht nur in der Station saßen und untätig auf die Ankunft der Flieger warten mussten. Also rauf auf die Skidoos und schnell zu den beiden Punkten, welche ungefähr sechs Kilometer südlich der Station liegen. Jede von uns maß einen Punkt via GPS ein, was ungefähr zwanzig Minuten in Anspruch nahm.

Weiter nördlich sah ich drei Bullys unermüdlich ihre Bahnen ziehen, um den Schnee weich zu fahren und die Flugpiste zu präparieren.

Das waren jetzt also unsere letzten zwei Stunden alleine, ein seltsames Gefühl. Einerseits freute ich mich auf die neuen (alten) Gesichter, auf mehr Leben, mehr Gesprächsthemen, einfach wieder ein Stück von »draußen« hier bei uns, aber andererseits war ich natürlich traurig, dass die Überwinterung, unsere Neunsamkeit und ein sehr spezieller Abschnitt meines Lebens zu Ende ging.

Als wir auf den Skidoos in Richtung Station fuhren, sagte ich es mir leise immer wieder: Sie kommen, sie kommen, sie kommen! Und fing endlich wieder an, mich richtig zu freuen. Wir rannten noch schnell nach unten – Mirko kriegte gerade neue Informationen über den Landezeitpunkt, schon wieder zehn Minu ten früher! Karin und ich packten das »Welcome to Neumayer«-Schild auf eine Skidoo-Mulde und fuhren hoch zu den anderen in den Bullys, die auch schon auf den Flieger warteten.

Ein kleiner Adelie-Pinguin lief noch etwas verwirrt in der Umgebung der Landebahn herum, und wir versuchten ihm zu erklären, dass das jetzt kein so guter Aufenthaltsort wäre, aber er ließ sich nicht überzeugen. Die Bullyfahrer hatten sich schon längere Zeit mit diesem Sturkopf auseinandergesetzt, der während des Schiebens und Plattfahrens der Piste wohl nicht davon abzubringen gewesen war, dass das jetzt sein Revier sei.

Ich war aufgeregt, und endlich hörten wir das lang erwartete Brummen der Flugzeugmotoren und sahen östlich der Station den ersten Flieger aus den Wolken kommen. Er kreiste erst einmal über uns, um dann von Westen her gegen den Wind zu landen.

Die Landung verlief relativ sanft, und der Flieger scherte nach der Landung nach Norden aus, da dort das Gepäck und die Insassen ausgeladen werden sollten. Wir allerdings befanden uns noch alle acht (Mirko konnte leider nicht mit nach oben kommen, weil er den Funkkontakt zu den Fliegern halten musste) südlich der Landebahn und mussten noch die zweite Landung abwarten, die wenige Minuten später erfolgen sollte. Kurz nachdem der erste Flieger stand, sahen wir die ersten kleinen roten Männchen aussteigen und winken, ich sprang vor Freude in die Luft und winkte wie verrückt: Da waren sie endlich! Und was für ein komisches Gefühl – andere Leute als wir!

Das war es also: das Ende meiner Überwinterung. Prinzipiell kein schlechtes Gefühl, aber trotzdem war ich irgendwie ergriffen. Ich konnte es gar nicht richtig realisieren.

Als der zweite Flieger sicher aufgesetzt hatte, sprangen wir auf die Skidoos und fuhren zum Landeplatz, ich war unglaublich glücklich in diesem Moment. Auf den ersten Blick erspähte ich mehrere bekannte Gesichter, jeden musste ich umarmen, drücken und angucken, ob er denn noch genauso aussah wie vor neun Monaten – und mir fiel nichts Gegenteiliges auf. Ich war beruhigt und dachte mir, dass es wohl beim Heimkommen dasselbe wäre – alles wäre hoffentlich wie immer.

Ich sah nur zwei unbekannte Gesichter, die beiden Techniker des nächsten Überwintererteams, die bei der Aushebung der Baugrube für die neue Station mithelfen sollten und daher schon mit dem ersten Flieger gekommen waren. Auf die beiden war ich natürlich besonders gespannt gewesen, da wir noch bis zu unserer Abreise mit ihnen zusammenarbeiten würden.

Anschließend brach erst mal die große Hektik aus, und es wurde wild ab- und aufgeladen, ich fuhr mit dem Skidoo nach unten, hinten auf der Mulde große Styroporboxen mit frischem Gemüse und Obst – worauf ich mich schon so lange gefreut hatte.

Als sich die allgemeine Aufregung wieder gelegt hatte, holte ich mir erst einmal einen Tee und setzte mich in den Raucherraum. Sonst hatten wir hier in den letzten Monaten maximal zu neunt gesessen – aber jetzt war der Raum richtig gut gefüllt, einerseits mit Menschen, und andererseits mit ungewohntem Stimmengewirr. Es gab natürlich viel zu erzählen, und ich hatte das Gefühl, dass uns die anderen interessiert beäugten, wie wir uns wohl so verändert hatten.

25

Abschied nehmen

Nach wenigen Tagen schon fand ich es völlig normal, dass wieder mehr Leute an der Station waren. Natürlich war es zunächst ungewohnt, wenn man morgens verschlafen in den Waschraum taperte, und auf einmal stand dort ein mehr oder weniger fremder Mensch – ich war es gewöhnt, entweder alleine im Bad zu sein oder eines meiner acht »Familienmitglieder« dort zu treffen. In der Winterzeit ging es sehr gut mit den fünf Waschbecken und zwei Duschen, jetzt allerdings, bei doppelter Besetzung, gab es schon manchmal Engpässe.

Die Eingewöhnungszeit verlief aber alles in allem sehr sanft und ohne Reibereien, da fünf der angekommenen Sommergäste in den darauffolgenden Wochen fast die ganze Zeit mit der Einmessung und anschließenden Aushebung der Baugrube beschäftigt waren. Das Loch für die Fahrzeughalle der neuen Station musste etwa siebzig mal fünfundzwanzig Meter groß und 6,5 Meter tief sein, was eine Menge Schiebearbeit mit den Pistenbullys bedeutete. Vor allem da in der Antarktis ein kleines Schlechtwetterfenster mit Drift die Arbeit von vielen Tagen innerhalb von wenigen Stunden vernichten kann – quasi ein Kampf gegen Windmühlen.

Nach und nach wurde es immer voller in der Station, mal wieder ein Filmteam, die ersten Mitglieder des Bauteams für die Errichtung der neuen Station, das Bauteam für die Wartungsarbeiten an der alten Station und auch nach und nach weitere Mitglieder des neuen ÜWI-Teams: der Koch, der Funker und der Arzt.

Chris und ich hatten viel zu tun, da wir das Hochsetzen der Infraschallstationen beziehungsweise die Wartung ohne die Hilfe unserer Nachfolger zu machen hatten. Die vier Wissenschaftler des neuen Teams würden erst Anfang Januar hier eintreffen – somit war die Übergabezeit sehr straff geplant. Im Gegensatz zu den fast drei Monaten in unserer ersten Sommersaison beschränkte sich die Übergabe jetzt nur auf etwas mehr als einen Monat.

Die allgemeine Stimmung war nicht zu vergleichen mit der in unserer ersten Sommersaison. Damals waren viele Wissenschaftler als Gäste an der Station gewesen, die an verschiedenen Projekten arbeiteten. In der jetzigen Saison allerdings waren aufgrund des Baus der neuen Station keine wissenschaftlichen Aktivitäten geplant. Viele der Logistiker waren angespannt – eine Baustelle in der Antarktis ist von sehr viel mehr nicht durch den Menschen beeinflussbaren und schlecht kalkulierbaren Faktoren abhängig als eine Baustelle in Deutschland. Die Tatsache, dass sich die Ankunft der Naja Arctica – eines Frachtschiffs mit Eisklasse, auf dem sich die gesamten Bauteile für die neue Station befanden – um fast einen Monat verzögerte, da der Meereisgürtel, entgegen allen Theorien der Klimaerwärmung, vor der Atkabucht dieses Jahr so massiv war, dass es für das Schiff kein Durchkommen gab, verbesserte die Stimmung rund um Weihnachten verständlicherweise auch nicht. Es wurde sogar ein Wettbüro eröffnet, wo man fünf Euro auf den ersten Entladungstag setzen konnte, und derjenige, der richtig getippt hatte, bekam am Ende den gesamten Topf. Claudia strich schließlich den Gewinn ein, als Mitte Januar endlich der erste Container von der Naja auf dem Schelfeis stand.

Wir Überwinterer hatten mit dem Bau der neuen Station wenig zu tun und versuchten gute Stimmung zu verbreiten: Ein paar Tage vor Weihnachten buken wir gemeinsam einen Abend lang Plätzchen, und die ganze Station duftete verführerisch, und am Heiligabend schmückte ich – wie schon im letzten Jahr – liebevoll den Plastik-Christbaum in der Messe.

Anders als damals hatten wir sogar ein abendliches Weihnachtsprogramm zusammengestellt, mit Geschichten, Gedichten und Musik. Charly, ein Meteorologe vom Deutschen Wetterdienst und ich bildeten ein kleines Orchester, bestehend aus zwei Akkordeons und einem Keyboard. Ich hatte, obwohl ich mich lange auf diesen Abend vorbereitet hatte, etwas zittrige Finger bei diesem meinem ersten »öffentlichen« Auftritt, es waren fast vierzig Gäste anwesend, aber zum Glück waren einige von ihnen durch die Feuerzangenbowle abgelenkt. Das ganze Programm dauerte ungefähr eine halbe Stunde – unterbrochen von zwei kurzen Feueralarmen, da der Zuckerhut der Bowle etwas zu nah unter dem Feuermelder stand. Und unsere Musik schien sogar gefallen zu haben: Das Publikum forderte eine Zugabe und das Programm endete mit dem gemeinsamen Singen von »Oh, du fröhliche« und »Stille Nacht«. Die Stimmung war durch das Rahmenprogramm festlicher als im letzten Jahr, und auch an diesem Weihnachtsabend feierten wir noch lange zusammen in der Messe.

Wie schon gegen Ende des Winters passierte nichts wirklich Neues oder Aufregendes mehr. Natürlich gab es ein paar kleine Höhepunkte, wie zum Beispiel unseren Besuch auf der »Polarstern«, wo wir nach mehr als einem Jahr die Möglichkeit hatten, im schiffseigenen Pool schwimmen zu gehen, und wie Kinder im Becken herumtollten.

Wir machten auch mehrere Ausflüge zu den heranwachsenden Pinguinen und konnten beobachten, wie die Kolonie sich nach und nach auflöste. Allerdings kannte ich diese Vorgänge schon aus dem Vorjahr; am schönsten fand ich es, die Reaktionen und die Gesichter der Leute, die das erste Mal an der Kolonie waren, zu beobachten. Ich fragte mich, ob mein Gesicht vor einem Jahr auch so einen verzauberten Ausdruck angenommen hatte – und ob die Mitglieder unseres Nachfolgeteams es in einem Jahr so wie ich zwar immer noch als schön, aber auch als normal empfinden würden, vor der Pinguinkolonie zu stehen.

Aber nicht nur wir machten Ausflüge zu den Pinguinen, es hatte sich wohl in der Kolonie herumgesprochen, dass es oben auf dem Schelfeis etwas zu sehen gäbe – und immer wieder kamen ein paar Pinguine bei uns an der Station vorbei. Teilweise in größeren Gruppen von bis zu sechzehn Jungtieren, manchmal auch nur einzelne Tiere.

Am besten erinnere ich mich noch daran, wie ich eines Nachmittags zur Schmelze ging, um Schnee zu schaufeln. Ich bog relativ schnell um die Ecke des Treppenturms und stolperte fast über zwei junge Pinguine, die mich empört antröteten. Sie hatten wohl hinter dem Turm Schutz vor dem sehr beißenden Wind an diesem Tag gesucht. Ich weiß nicht mehr zu sagen, wer in diesem Moment mehr erschrak – die beiden Pinguine oder ich.

Die größte Änderung vollzog sich erst mit der Ankunft unserer direkten Nachfolger in der Geophysik Anfang Januar. Im Vorfeld hatten Chris und ich das Büro leergeräumt – es war traurig, alle privaten Sachen, Fotos von der Familie, Kalender und Blumenketten zu verstauen. Als wir fertig waren, standen wir in einem mehr oder weniger nackten Büro, und in ein paar Monaten würde nichts mehr davon Zeugnis geben, dass wir überhaupt da gewesen waren. Aber so ist das Leben. Die einen kommen, die anderen gehen, und irgendwann erinnert nichts mehr an die, die gingen.

Als wir unsere Nachfolger vom Flieger abholten und ihnen das erste Mal gegenüberstanden, war es schon ein komisches Gefühl. Wir hatten zwar ein paar E-Mails hin- und hergeschrieben, aber im Grunde genommen waren es zwei wildfremde Menschen, die hier zwar nicht unangekündigt, aber trotzdem sehr plötzlich in unser Leben traten. Ich hatte mir fest vorgenommen, die Nachfolger warm und herzlich zu begrüßen, da ich mich in der ersten Sommersaison oft sehr unwohl gefühlt hatte – manche Mitglieder unseres Vorgängerüberwinterungsteams hatten mir das Gefühl vermittelt, dass wir in ihre Welt eingedrungen seien und ihnen etwas wegnehmen würden, was ihnen gehörte. Und dieses Gefühl wollte ich unseren Nachfolgern auf keinen Fall geben. Auch wenn es mir nicht immer leichtfiel, versuchte ich ihnen stets zu zeigen, dass ich mich primär darüber freute, dass sie da waren – anstatt sie als Eindringlinge zu sehen. Die Einarbeitung und die noch übrigen Sommerwartungsarbeiten, wie das Hochsetzen der restlichen Geräte, verliefen in einer sehr angenehmen Stimmung. Schon nach ein paar Wochen hatte ich das Gefühl, dass ich mich getrost zurückziehen könnte – die Neuen waren gut vorbereitet. Es fiel mir anfangs nicht immer leicht, loszulassen und die Verantwortung abzugeben, aber nach ein paar Wochen hatte ich auch damit kein Problem mehr.

Natürlich ist diese Übergabe für keinen Alt-Üwi einfach, aber ich kannte ja schließlich meinen Vertrag, und mir war von vorneherein klar gewesen, dass es sich um eine begrenzte Zeit handelte, in der ich meine Aufgaben auf der Station erfüllen würde, und danach würde genau diese mein Nachfolger übernehmen – also wozu unnütze Sentimentalitäten?

Zeit für ein paar Sentimentalitäten war dagegen, als Mirko und ich unseren letzten Ausflug aufs Meereis machten. Wir waren mit zwei Skidoos unterwegs, und absolut frei, dort hinzufahren, wo wir Lust hatten – ohne die oft bei Ausflügen mit mehreren Personen aufkommenden Diskussionen. Als Erstes machten wir wie meistens einen kleinen Zwischenstopp am sogenannten Schloss-Eisberg – einem wunderschönen,

bläulich gefärbten Eisberg, der schon seit Beginn unserer Zeit auf Neumayer nur wenige Kilometer östlich der Meereisrampe lag. In seiner Struktur gab es eine tiefe, allerdings nicht durchgehende Höhle, in der das Eis in einem fast überirdisch intensiven Blau leuchtete. Ging man etwas weiter um den Eisberg herum, so konnte man an einer anderen Stelle durch ein großes Loch durch ihn hindurchsehen. Aufgrund der intensiven Sonneneinstrahlung während der letzten Monate hatten sich an den Kanten des Eisbergs riesige Eiszapfen gebildet, die im Sonnenlicht glitzerten, als wäre der Eisberg mit Diamant-Colliers behängt. Insgesamt war die Struktur des Eisbergs sehr zerklüftet, tiefe Risse durchliefen seine Oberfläche, so dass ich manchmal ein mulmiges Gefühl im

Bauch hatte, wenn wir in seiner Nähe waren. Wer konnte schon einschätzen, ob dieser Koloss nicht bald kollabieren würde?

Durch den Tidenhub war das Meereis um den Eisberg teils in Schollen übereinandergeschoben, teils gerissen. Diese Stellen waren der optimale Aufenthaltsort für Weddellrobben, die immer in der Nähe von offenem Wasser sein müssen, um Nahrung zu finden und um sich im Sommer von Zeit zu Zeit abzukühlen. Die Tiere sind mit bis zu drei Meter Länge und um die 400 Kilogramm Gewicht imposante Erscheinungen. Am Schloss-Eisberg lagen seit Oktober meist zwei bis vier Weddellrobben, an diesem Tag waren sie für uns nur aus weiter Entfernung zu erspähen, da sie sehr nah bei den Wasserlöchern lagen und wir uns lieber in sicherer Entfernung von diesen potenziellen Gefahrenzonen aufhielten.

Nachdem wir die Sehenswürdigkeiten unseres Stamm-Eisberges abgeklappert hatten – und vor allem nachdem wir ein lautes Rumoren und Grummeln, ähnlich einem Donnern, aus dem Inneren des Eisbergs gehört hatten, das mir das Blut in den Adern gefrieren ließ, beschlossen wir, weiter in Richtung Osten zu fahren – dort waren wir noch nie gewesen, unser Ziel war ein anderer, sehr großer Eisberg in etwa zwanzig Kilometer Entfernung. Das Wetter war wunderschön an diesem Tag, die Sonne strahlte vom wolkenlosen Himmel, und ich fühlte mich frei und glücklich, als wir auf der glatten, unendlich erscheinenden Meereisfläche dahinglitten.

Ganz frei konnten wir uns natürlich nicht bewegen, ab und zu mussten wir Spalten ausweichen – immerhin war es Ende Januar, und das Meereis war dementsprechend rissig und mit Vorsicht zu befahren. Von weitem sahen wir vor dem Eisberg lauter kleine schwarze Punkte im Schnee, und beim Näherkommen stellten wir fest, dass es sich um mindestens fünfzehn der großen Weddellrobben handelte, die entlang eines Risses im Meereis lager-

ten, der sich wie ein Blitz im Zickzack in Richtung Eisberg aus-
breitete. Wir stellten die Skidoos weit von den Tieren entfernt ab,
um sie nicht zu beunruhigen, und näherten uns vorsichtig.

Wie die Kaiser- und Adeliepinguine haben auch die Weddellrobben an Land keine natürlichen Feinde und sind deshalb nicht
scheu. Sie wirken in ihren Bewegungen auf dem Eis plump und
schwerfällig, und man kann sich kaum vorstellen, was für ele-
gante Schwimmer sie sind.

Im Laufe des zweiten Sommers in der Antarktis waren die
Robben meine Lieblingstiere geworden. Im ersten Sommer hatte ich sie zwar nicht gerade mit Missachtung gestraft, aber auch
nicht besonders beachtet. Da lagen eben ab und zu mal Robben
herum und machten nichts, ich war ganz und gar auf die aktiveren
Pinguine fixiert gewesen, die einnehmender waren, sich mehr bewegten und mehr lärmten. Ich hatte damals noch nicht die nötige
innere Ruhe, mich auch den Robben zu widmen.

Im zweiten Sommer allerdings kannte ich die Kolonie schon
ziemlich gut, hatte das Verhalten und das Aussehen der Pinguine

lange beobachtet, das Getröte, das Gewatschel, das Geflatter. Natürlich war das ein Spektakel, das niemals wirklich langweilig wurde – aber ich selbst war insgesamt ruhiger geworden, nicht mehr an der Grenze der Überforderung durch all die Eindrücke, die auf mich einstürzten, und so ging mir das »Theater« der Pinguine manchmal fast ein bisschen auf den Geist. Und anders als bei den Kaiserpinguinen oder den Adelies, die fast immer in Gruppen auftraten und bei denen in meinen Augen ein Tier dem anderen glich, handelte es sich bei Robben um Individuen.

Obwohl ich sonst kein sehr geduldiger Mensch bin, konnte ich lange Zeit damit zubringen, mich erst langsam auf dem Bauch kriechend einer Robbe etwas zu nähern, ohne sie zu beunruhigen, und dann vor ihr zu liegen, ihre Gesichtszüge zu studieren, die großen glänzenden Augen zu bewundern und mich über die ungelenken Bewegungen des Schwanzes oder der Flossen, ihre Rülpser und Huster zu amüsieren. Und vor allem die Ruhe und Gelassenheit auf mich wirken zu lassen, die die Tiere – ganz im Gegenteil zu den hektischen Pinguinen – ausstrahlten. Da wurde in einer Viertelstunde vielleicht einige Male geblinzelt, träge der Kopf gehoben und sich halbherzig mit der Flosse am Bauch gekratzt – das war dann aber auch schon wieder genug für die nächste Stunde.

Und an diesem Riss vor dem gigantischen Eisberg waren mehr Robben, als ich je zuvor auf einmal gesehen hatte. Wir gingen mit Abstand zwischen den Tieren hindurch in Richtung Eisberg, und manche von ihnen hoben träge den Kopf, um zu sehen, was denn da für komische Gestalten ankamen. Als wir vor dem Eisberg standen, war ich wie erschlagen – er war fast vierzig Meter hoch, und im Gegensatz zum Schloss-Eisberg sahen seine Kanten

und Wände noch viel frischer aus, fast wie aus Styropor, mit einem horizontalen Streifenmuster, das wie eine Struktur wirkte. An vielen dieser etwas hervortretenden Streifen hatten sich Eiszapfen gebildet, die wie Vorhänge herunterhingen. Er war von strahlendem Weiß und wirkte aufgrund der geringen Zerklüftung sehr viel massiver, nur an ein paar Stellen schimmerte das Eis bläulich. Auf dem eher steilen Eisbergrumpf saß eine Gruppe halbwüchsiger Adeliepinguine, und um die oberen Kanten des Eisbergs kreisten Sturmschwalben – eine vollkommene Idylle.

Wir versuchten den Eisberg zu umrunden, aber als wir nach zwanzig Minuten Fußmarsch noch nicht einmal um die erste Ecke linsen konnten, gaben wir auf und gingen zu den Skidoos zurück.

Auf der Rückfahrt zur Station war ich zufrieden und müde von all den Eindrücken, die ich an diesem wunderbaren Tag sammeln durfte. Meinetwegen konnte das Meereis gesperrt werden, denn ich hatte das Gefühl, jetzt wirklich alles gesehen zu haben. Mit diesem letzten Ausflug schloss ich innerlich und äußerlich das

Kapitel Antarktis in meinem Leben ab und war jetzt – mit vielen wunderbaren und einzigartigen Erinnerungen und Erlebnissen im Gepäck – endgültig bereit, nach Hause zu fahren.

Schon ein paar Tage später wurde das Meereis gesperrt. Anfang Februar fuhren wir noch einmal zur Meereisrampe, um zu sehen, ob das Eis schon aufgebrochen war. Als wir ankamen, war nichts mehr von der geschlossenen Meereisdecke zu sehen, nur große Schollen schwammen auf dem Meer. Unvorstellbar, dass wir vor kurzem genau dort noch mit den Skidoos herumgefahren waren. Ich stand lange an der Rampe und beobachtete die Bewegung des Meeres und der Schollen und lauschte den leisen Geräuschen der Brandung. Ich saugte die Eindrücke auf, und auf dem Heimweg Richtung Station spürte ich, dass ich nicht nur bereit war, die Antarktis zu verlassen, sondern dass der Wunsch, endlich heim zukommen, sehr stark geworden war. Meine Zeit hier war vorbei – Zeit, nach Hause zu gehen.

26

Das Abenteuer endet …
und geht doch weiter

Die letzten beiden Wochen vergingen wie im Flug und hatten doch noch ein paar weitere Höhepunkte zu bieten: Mirko und ich gaben unser Zimmer auf und zogen nach draußen in eine Kabause, konnten die letzten vierzehn Tage aus dem Fenster sehen und waren dadurch der Antarktis noch ein Stückchen näher als zuvor. Wir unternahmen Ausflüge zur »Naja Arctica« (dem Containerschiff, das an der Schelfeiskante lag), und ich hatte das Glück, sogar Wale im offenen Meer zu sehen. Als wäre das noch nicht genug, bekamen wir eine ausführliche und hochinteressante Führung auf der »Naja«. Und ein paar Tage vor Abreise einen Rundflug über die Station, das Meer, die Eisberge, die Schiffe in der Bucht …

Am 7. Februar, eine Woche vor unserer Abreise, fand die offizielle Stationsübergabe statt. Wir gaben die Verantwortung für die Station an unsere Nachfolger ab, unsere Aufgabe auf Neumayer war jetzt offiziell beendet. Wie auch im letzten Jahr, wurde die Übergabe in der Werkstatt abgehalten, aber die Reden berührten mich mehr und waren persönlicher – kein Wunder, auch der Redner der Logistik kannte uns jetzt natürlich schon besser als vor einem Jahr.

Als ich meine Medaille überreicht bekam und an meinem Platz zurückging, war ich wirklich stolz. Die zwei größten Herausforderungen – das teilweise schwierige Zusammenleben sowie die wissenschaftlichen und technischen Arbeiten – hatten wir gemeistert, und wenn man dem Urteil der anderen glauben konnte, sogar sehr gut. Doch ich war nicht nur stolz, ich war auch erleichtert. Auch wenn ich meine Neumayer-Zeit nie wirklich als Bürde gesehen hatte, so war mir doch immer bewusst gewesen, was alles hätte schiefgehen können. Und ich war erleichtert darüber, dass keines dieser Horrorszenarien eingetreten war, sondern wir neun mit einem Lächeln aus unserer Überwinterung nach Hause zurückkehren konnten. Vielleicht war nicht bei allen das Lächeln gleich intensiv – aber ich denke, ein kleines Lächeln wird jedem von uns übers Gesicht huschen, wenn wir an unsere gemeinsame Zeit auf Neumayer zurückdenken.

Ich hatte allerdings nicht nur positive Gefühle, wenn ich an meine Rückkehr nach Hause dachte, und vielen von den anderen ging es da wohl ähnlich. Wir hatten neun Monate unter einer Käseglocke gelebt, die mit Beginn der Sommersaison ein bisschen gelüftet worden war. Und jetzt würden wir aus unserem Mikrokosmos in die normale Welt zurückkehren.

So viele Nachteile das isolierte Leben während des Winters gehabt hatte, und sosehr ich mich auch in manchen Situationen nach Hause gewünscht hatte, so hatte ich jetzt auf einmal Angst davor, meine sichere Blase zu verlassen, in der ich – weit weg von allen Konflikten und Schwierigkeiten des »normalen« Lebens – sicher und geborgen gelebt hatte. Wenn zu Hause Probleme aufgetreten waren, so hatte ich sie stets weit von mir weggeschoben; was hätte ich denn auch machen können? Etwas Besseres als Verdrängung gab es in diesem Fall einfach nicht. Aber jetzt kamen die Gedanken an das Danach, die im Winter völlig irrelevant und noch viel zu weit weg waren. Damals war es mir immer vorgekommen, als würde die Zeit auf Neumayer nie enden, warum sich also großartig den Kopf darüber zerbrechen, wie es wohl sein würde, wieder nach Hause zu kommen?

Kurz vor der Abreise schlug der Zeiger meines Stimmungsbarometers nach oben und nach unten maximal aus: Einerseits war ich voller Vorfreude, wieder in die Zivilisation zu kommen, meine Liebsten in die Arme zu schließen, Pflanzen zu sehen, Gerüche wahrzunehmen, barfuß zu laufen, einkaufen zu gehen, unabhängig zu sein und tun und lassen zu können, was ich wollte. Andererseits aber auch voller Angst vor der Konfrontation mit Problemen, die ich fünfzehn Monate lang tief in meinem Unterbewusstsein in der hintersten Schublade versteckt hatte.

Am 14. Februar war es so weit: Der Tag der Abreise war gekommen. Die Koffer und Kisten waren alle gepackt, und dasselbe Gefühl, wie ich es gehabt hatte, als Chris und ich das Büro ausgeräumt hatten, beschlich mich nun beim Anblick der Station. Bald würden wir weg sein, vielleicht hatten wir der Station eine kleine persönliche Note verliehen, aber jetzt war das bald das Zuhause unserer Nachfolger. Genauso wie wir uns gefreut hatten, als wir alleine waren und die Station endlich »unser« war, spürte ich, dass sie – auch wenn die gemeinsame Zeit unserer beiden Teams sehr schön gewesen war – voller Freude und vielleicht auch ein bisschen Ungeduld auf unsere Abreise warteten.

Dann das letzte Abendessen auf Neumayer – ich fühlte mich wie ferngesteuert und betäubt. Alles war mir so vertraut hier an der Station, vertrauter, als es meine Wohnungen mir gewesen waren, denn ich hatte selten so viel und vor allem so intensive Zeit an einem Ort verbracht. Nach dem Essen zogen wir uns an und fuhren hoch zum Flieger. Dort ging das große Umarmen los, viele der Leute würde ich bald in Deutschland wiedersehen, nur der Abschied von den Überwinterern fiel schwer – immerhin hatten wir doch einige Wochen eng zusammengelebt und -gearbeitet.

Als der Flieger abhob, hatte ich das Gefühl, dass neben einer großen Leere antarktische Temperaturen in mir herrschten.

Während des Flugs nach Novo Airbase blickten wir alle lange aus den Fenstern aufs Meer und auf die Schelfeiskante, und jeder nahm für sich Abschied. Auf Novo ging es im Zeitraffertempo weiter, wir luden unser Gepäck auf einen Schlitten und wurden zur Iljushin transportiert. Dort angekommen, stiegen wir, nachdem das Gepäck im Bauch des Flugzeugs verschwunden war, auch schon ein und legten die Polarkleidung ab. Im Laufe der nächsten Stunde kamen die restlichen etwa sechzig Flugpassagiere aus allen Regionen der Antarktis an Bord, und schon starteten wir in Richtung Kapstadt.

Erst kurz vor der Ankunft in Kapstadt befiel mich eine tiefe Traurigkeit, und mir kullerten ein paar vereinzelte Tränen aus den Augen – jetzt waren wir wirklich weg, richtig realisieren konnte ich es allerdings immer noch nicht.

Nach der Landung blieb keine Zeit mehr für Gefühlsausbrüche, wir stiegen aus dem Flieger, es war hell und warm, und ich hatte das Gefühl, gegen eine Wand aus Luftfeuchtigkeit zu laufen. Wir wurden dann allesamt in einen überfüllten Flughafenbus gestopft, stellten uns an der Zollkontrolle an und warteten erst mal etwa eine Dreiviertel Stunde. In dieser Zeit wurde ich nicht müde, die Leute in den anderen Schlangen zu mustern, ich sah hier innerhalb von wenigen Sekunden mehr Menschen, als ich in den letzten fünfzehn Monaten zu Gesicht bekommen hatte. All diese Augen-, Haar- und Hautfarben, kleine Kinder, Hunde – was für eine Vielfalt!

Den ersten Abend in Kapstadt verbrachten wir noch ein letztes Mal als vollständige Gruppe bei einem gemeinsamen Essen: Karin, Charly und René würden schon am nächsten Morgen sehr früh weiter nach Deutschland fliegen, während wir restlichen sechs noch Urlaub in Kapstadt geplant hatten.

Nach zwei wunderbaren Wochen und ein bisschen zurückgewonnener Bräune an Beinen und Armen, Barfußlaufen im Park, Waten im Meer, Essen in Restaurants, Spaziergängen im Hafen und vielem mehr, das wir alle seit mehr als einem Jahr nicht mehr gemacht hatten, ging es für Mirko und mich schließlich nach Hause.

Nach zwölf Stunden im Flugzeug, nur wenig Schlaf, einem verpassten Anschlussflug in Frankfurt und ohne mein fehlgeleitetes Gepäck stand ich mit zittrigen Knien morgens um 9 Uhr in München am Flughafen vor der Milchglas-Schiebetür, die von der Gepäckausgabe in den freien Bereich führte – und hinter der mein altes Leben auf mich wartete. Als diese sich öffnete, erspähte ich sofort meine Mutter und meinen Bruder an der Absperrung und rannte auf sie zu. Während ich sie drückte, liefen mir die Freudentränen über die Wangen. Wie oft hatte ich mich nach diesem Augenblick gesehnt!

 Epilog ...

Wieder zu Hause, war alles wie immer. Besonders deutlich wurde mir das, als ich am Tag nach meiner Rückkehr mit dem Fahrrad zum Bäcker fuhr, um Semmeln zu holen – genau wie am Tag meiner Abreise vor fünfzehn Monaten.

Als ich die Bäckerei betrat, stand hinter dem Tresen dieselbe Verkäuferin wie damals und lächelte mich an. Ich hatte das Gefühl, als wäre ich niemals weg gewesen. Die Welt schien während meiner Abwesenheit stehengeblieben zu sein, und der Gedanke daran, dass ich noch vor ein paar Wochen in der Antarktis an der Schelfeiskante gestanden und auf das Meer geblickt hatte, kam mir absolut absurd vor.

Und im Angesicht der Tatsache, dass diese Frau die letzten fünfzehn Monate hinter dem Tresen gestanden und Brote und Semmeln verkauft hatte, wurde mir noch einmal umso stärker bewusst, welches Privileg es doch war, dass ich all diese Erfahrungen in der Antarktis hatte machen dürfen.

Auch wenn fünfzehn Monate eine lange Zeit waren, so war ich – zum Glück – in die gleiche Welt zurückgekehrt, aus der ich weggegangen war. Mein soziales Umfeld, meine Familie und auch ich selbst hatten sich im Grunde nicht verändert. Ein paar Äußerlichkeiten – wie zum Beispiel der neue Anstrich der Kirche oder der erneuerte Straßenbelag in der Nähe unseres Hauses – fielen da nicht ins Gewicht.

Das Einzige, was sich für mich wirklich geändert hatte, war,

dass ich – zwar immer noch derselbe Mensch, als der ich fortge-
gangen war – im Herzen einmalige und unvergessliche Erinnerungen an meine Zeit in der Antarktis trug.

... und noch ein paar offene Fragen

Wenn ich mich mit Leuten unterhalte und die Sprache auf die Überwinterung kommt, so werden mir meist dieselben Fragen gestellt – einige davon habe ich im Buch schon beantwortet, andere allerdings mehr oder weniger offengelassen.

Ich möchte aber trotzdem noch ein paar Antworten geben, deswegen hier noch eine kleine Sammlung der am häufigsten gestellten Fragen:

Eine der Hauptfragen, die ich bewusst nicht thematisiert habe, war die, ob sich denn in dieser langen und intensiven gemeinsamen Zeit nicht auch Leute ineinander verlieben und ob eventuell daraus resultierende emotionale Verwicklungen nicht eine Belastung für die Gruppe darstellen?

In unserem Team bildeten sich drei Paare, die zum jetzigen Zeitpunkt alle noch zusammen sind. Allerdings führte das nicht zu Reibereien oder Auseinandersetzungen, da die Paare sich nicht isolierten, sondern harmonisch in der Gruppe blieben.

Eine andere Frage ist, was mich meiner Meinung nach am meisten geprägt hat.

Diese Frage kann ich wohl erst in ein paar Jahren beantworten, da mir hierfür noch die nötige Distanz fehlt – immerhin bin ich erst vor wenigen Monaten aus der Antarktis nach Deutschland zurückgekehrt. Ich kann im Moment nur sagen, was ich vermute, was mich am meisten geprägt hat, und das war wohl nicht die Antarktis selbst, sondern das Zusammenleben in der Gruppe, die verschiedenen Gruppenmitglieder und die gemeinsamen Erlebnisse.

Öfters wollen Leute auch wissen, was ich für einen persönlichen Gewinn aus der Überwinterung gezogen habe.

Diese Frage kann ich schon eher beantworten: Ich habe gelernt, mit dem wenigen zufrieden zu sein, was ich hatte. Mich über die kleinen Dinge zu freuen, die eigentlich wichtig sind, und nicht zwischen Kleiderständern, Schuhkartons und Schmuckvitrinen den Blick für das Wesentliche zu verlieren.

Der enge Rahmen und das kleine Umfeld, in dem sich mein ganzes Leben abspielte, hatte – im Gegensatz zur Meinung der meisten Außenstehenden, die diese Zeit oft mit einer Gefängniszeit vergleichen – auch positive Aspekte: keine äußeren Einflüsse, niemand, der etwas von einem wollte, geregelte Tagesabläufe, nicht bei den trivialsten Dingen Tausende von Wahlmöglichkeiten (und sei es nur die Auswahl einer Nudelsorte) – all das, was viele als Beschränkung der persönlichen Freiheit sehen, verhalf mir zu einer innere Ruhe, die ich in der »normalen«, hektischen Welt nie gefunden hatte.

Außerdem lernte ich, nicht mehr so oft meine Energie dafür zu verschwenden, mich über Dinge aufzuregen, die es nicht wert waren und die ich außerdem nicht ändern konnte.

Und die Frage, über die ich wirklich herzhaft lachen musste, war die, ob ich verrückt geworden sei.

Dafür bin ich der falsche Ansprechpartner, denn ich denke natürlich, dass ich ganz normal geblieben bin. Und was mich beruhigt, ist der Umstand, dass auch mein Umfeld (bis jetzt) noch nichts Gegenteiliges hat verlauten lassen.

Kleines Glossar

Array   Ringförmige Anordnung von Messgeräten, mit der anhand der Ankunftszeit einer seismischen oder aber auch akustischen Welle die Richtung eines ankommenden Events bestimmt werden kann. Sowohl in der Seismologie als auch im Bereich des Infraschalls betreuten wir ein Array von Messgeräten.

Bully   Raupenfahrzeug, das entweder mit einem Schiebeschild oder einer Mulde (Schaufel) ausgerüstet ist. Außerdem gab es an Neumayer sogenannte Kabinenbullys, die hinter der Fahrerkabine eine Fahrgastkabine mit Platz für zehn Personen hatten, oder Kranbullys, die anstatt der Fahrgastkabine einen ausfahrbaren Kran hatten.

Bullymulde   Eine Art Baggerschaufel, die anstatt eines Schiebeschilds an einen Pistenbully montiert werden kann. Wird z. B. zum Transport des Proviants bei der Proviantierung benutzt.

D/I-Messung (Deklinations- und Inklinationsmessung)   Von Chris und mir alle zwei bis drei Tage im Magobs durchgeführte magnetische Messung, bei der die Deklination und die Inklination des Erdmagnetfelds (also der Winkel, in dem die Magnetfeldlinien zur Erdoberfläche stehen) bestimmt wurden.

Infraschallarray Ringförmige Anordnung von neun Arrayele-
menten, an denen mittels eines Mikrobarometers überirdische
Atomwaffentests detektiert werden können.

Inlet Spalt im Schelfeis, der zum Meer hin offen ausläuft.

IS-Container Etwa 800 Meter von der Station entfernter Zwanzig-Fuß-Container auf Stelzen, in dem sich die Datenerfassung der Geomagnetik und der Infraschallanlage befindet.

Magobs Das etwa fünfzehn Meter unter dem Eis gelegene
Magnetikobservatorium – genannt Magobs – etwa 800 Meter
südlich der Treppentürme, das nur durch einen Schacht über
eine Leiter zu erreichen ist. Chris und ich führten dort alle
zwei bis drei Tage eine D/I-Messung und zweimal im Monat
eine Kreiselmessung durch.

Messe Wie in der Schifffahrt üblich, wurde das Wohn- und Ess-
zimmer auf Neumayer die Messe genannt, und stellte für uns
den Hauptaufenthaltsraum dar.

Nansenschlitten Hölzerner Schlitten für die Skidoos, auf denen
meist Notfallkisten festgegurtet waren. Außerdem gab es an
der Station verschiedene Sitze, die auf den Schlitten befestigt
werden konnten.

Notfallkisten Kisten mit der Notfallausrüstung für zwei Personen, die bei Fahrten mit dem Skidoo außerhalb des Stationsgeländes mitgeführt werden müssen.

Obs   Von der Meteorologin oder ihren Helferinnen durchgeführte Wetterbeobachtung.

Olymp   Seismologische Außenstation, an der sich nur ein Seismometer befindet. Die gesamte Elektronik der Station ist in einer Kiste untergebracht, die im Verlauf des Jahres bis zu zwei Meter dick mit Schnee bedeckt wird – wie auch der Rest der Station.

Palaoa   Fünfzehn Kilometer nördlich von Neumayer gelegene Walhorchstation, die von Mirko betreut wurde.

Picken   Die Hauptarbeit von Chris und mir: das Bestimmen des zeitlichen Einsatzes einer Erdbebenwelle anhand der Wellenformen in den verschiedenen Seismometerspuren.

Reefer   Zwanzig-Fuß-Container, der auf eine bestimmte Temperatur geheizt bzw. gekühlt werden kann. An der Station befanden sich während des Winters vier Reefer, zwei davon auf fünf Grad geheizt, zwei auf minus fünfundzwanzig Grad gekühlt.

Sanae   Südafrikanische Station, die etwa 250 Kilometer von Neumayer entfernt liegt.

Schmelze   Der Ort, an dem sich das Loch befindet, in den der Schnee durch ein Fallrohr in den fünfzehn Meter darunter gelegenen Schmelzentank geworfen wird.

Seismometer   Messgerät zur Detektion von seismischen Wellen.

Skidoo   Motorisierter Schlitten, der mit bis zu zwei Personen befahren werden kann.

Skidoomulde   Orangefarbene Lade mit Kufen, die zum Transport
von Gegenständen an den Skidoo angehängt werden kann.

Spuso   Das   Spurenstoff-Observatorium   (ein   Zwanzig-Fuß-
Container auf Stelzen) etwa 1,5 Kilometer südlich der Station – Karins Arbeitsplatz. Sie ging jeden Tag diese Strecke
zu Fuß, da rund um das Observatorium nicht mit Fahrzeugen
gefahren werden darf – die genommenen Luftproben würden
sonst kontaminiert.

Trasse   Meist mit Bambusflaggen markierte und im GPS einge-
speicherte Strecken, die mit den Skidoos und Pistenbullys auf
dem Schelfeis befahren werden durften.

UTC   Aktuelle Weltzeit (universal coordinated time)

Watzmann   Die auf dem Halvarryggen etwa achtzig Kilometer
Luftlinie von Neumayer gelegene Außenstation für Seismologie, an der mit einem Array auch die Richtung ankommender
Erdbebenwellen bestimmt werden kann. Die Station besteht
aus einem oberirdischen Container, in dem sich die Elektronik
der Anlage befindet.

Zargesboxen   Metallische Kisten, in denen Vorräte, Kleidung
etc. aufbewahrt und transportiert werden.

Danksagung

Dank an

*meine Mitüberwinterer, besonders Mirko,
Muff,
meine Freunde,
meinen Lektor.*

Bildnachweis

Alle Bilder von Nora Graser bis auf:

Mirko Denecke: S. 21, 37, 39, 41, 43, 46, 66, 69, 95, 134, 152, 155, 157, 174, 194, 197, 231, 240
Dietrich Enss, polarmar 1994: S. 50
Christine Läderach: S. 26, 116
Neumayer Stationswebcam, Alfred-Wegener-Institut: S. 104, 154
Karin Smolla: S. 20, 30, 92, 63
Karlheinz Waltner: S. 103

Tobias Micke

Das Almhandbuch für Stadtmenschen

Drei Monate ohne Kühlschrank, Waschmaschine und TV. Heißes Wasser zum Duschen nur nach dem Holzhacken. Zweimal täglich die Milchkuh melken, 74 übermütige Jungrinder davon abhalten, nach Italien auszuwandern, ein Kalb zur Welt bringen und den Landwirten im Tal beweisen, dass auch ein Stadtmensch mit viel Einsatz den verantwortungsvollen Job eines Viehhirten bewältigen kann.

Tobias Micke hat es getan: Er hat sich eine Auszeit vom hektische Alltag genommen, um einen langen wunderbaren Sommer auf einer abgelegenen Alm in Kärnten zu verbringen. Und mitten im alltäglichen Kuh-Chaos fand er schließlich auch die Ruhe ein, die er gesucht hatte.

Mit vielen Hirtentipps aus der Almpraxis,
leckeren Rezepten,
einem Sprachkurs in Rindisch
und großem Alm-Anach.

Knaur Taschenbuch Verlag